中公新書 2041

依田高典著

行動経済学

感情に揺れる経済心理

中央公論新社刊

はじめに

人々は限られた情報をもとに、限られた時間の中で、限られた能力を用いて、良かれと思って最善の行動を選びながらも、それでもしばしば後悔をしてしまう。そんな当たり前のことが、経済学の中で市民権を得るには随分と長い時間がかかった。人間の限定された合理性を中心に最適な行動からの乖離《かいり》（アノマリー）を経済分析の核にすえる学問を、行動経済学と呼ぶ。行動経済学では、人間は経済計算だけで判断するのではなく、怖《おそ》れ、自信過剰、後悔といった感情に日々揺れる存在として考える。

がちがちの合理的経済人（ホモエコノミクス）を核にすえる新古典派経済学の全盛にあって、長い間、行動経済学は疎外されてきた。行動経済学が広く受け入れられるようになったのは、行動経済学の中心的な提唱者であったダニエル・カーネマン（プリンストン大学教授）が、実験経済学者のバーノン・スミス（ジョージ・メイソン大学教授）と共同で、2002年にノーベル経済学賞を受賞した前後からである。その後、行動経済学の啓蒙書《けいもうしょ》・翻訳本が書棚に並び、硬軟織り交ぜて、さまざまな人が競って行動経済学の時流に乗ろうとしている。

今さらブームに便乗すると思われるのも恥ずかしいので、私と行動経済学のなれそめについてお話ししよう。私が京都大学大学院に入学したのは1991年のことであるが、私の選んだテーマは不確実性の研究であった。ケインズ経済学のエッセンスが不確実性にあり、標準的経済学の期待効用理論では真の不確実性を取り扱えないというのが、私のナイーブな考えであった。

今でも覚えているが、私が初めて大学院のクラスで報告した論文は、シカゴ大学教授リチャード・セイラーの時間選好に関するアノマリーであった。修士課程1年の時に私が初めて書いた学術論文も時間選好理論の一般化に関するものであった。その頃《ころ》は、行動経済学という呼び方は使わずに、経済心理学と呼んでいたけれども。

私は時間と不確実性に関する意思決定理論の拡張を目指し、その研究成果を『不確実性と意思決定の経済学——限定合理性の理論と実際』（日本評論社、1997年）として上梓《じょうし》した。しかし、十分に満足のいく研究成果を得られたとは言えず、失意を胸にしまい込み、情報通信経済学へ思い切った転身をはかった。不確実性という自分の思い定めた研究テーマで身を立てられないのであれば、情報通信という別のテーマで身を立てよう。幸いにも、世界に先駆けて、この日本でブロードバンド革命が起こった。私は個票データを駆使して、ブロードバンド需要の計量分析という一連の研究成果を収めることができ、英国の出版社からの誘いで、***Broadband Economics***（Routledge社、２００９年）として上梓することもできた。

情報通信の世界でやるべきことはやった。ブロードバンド経済学の店じまいを思案していた頃、個票データを使って、消費者選好を分析するという手法をそっくりそのまま行動経済学の分野に活《い》かすアイデアが脳裏に浮かんだ。従来の行動経済学の分野では別々に推定されてきた時間選好率と危険回避度を同時に測定して、喫煙や飲酒のようなアディクション（嗜《し》癖《へき》）の解明に応用するという行動経済学への再挑戦が始まった。

書いた論文はさしたる苦もなく、どこかしら経済学や医学の国際学術雑誌への掲載が決まった。一度アイデアが出ると、別のアイデアが湧《わ》いてくる。10年前の鳴かず飛ばずを思い出しながら、案外うまくいく時はこんなものかと、共同研究者の後藤励甲南大学准教授とも語らった。

私は今、京都大学大学院経済学研究科・経済学部の現代経済学講座で応用経済学を教えている。具体的に言えば、情報通信経済学と行動経済学のことだ。ある年に情報通信経済学を教えれば、翌年は行動経済学を教える。ゼミナールでも同様に、前期に情報通信経済学を選べば、後期は行動経済学をテーマにする。

本書は、その講義ノートをとりまとめ、一般の方にも私の思いが届くように、新書として書き下ろしたものである。行動経済学の網羅的な解説書はすでにたくさんある。特に、多田洋介『行動経済学入門』(日本経済新聞社、2003年)や友野典男『行動経済学』(光文社、2006年)は多様なトピックに目が行き届いた優れた解説書である。しかし、網羅的であるがゆえに、経済学の歴史の中で行動経済学がどのように位置づけられるのか、もう少し掘り下げるやり方もあるという印象を持った。

同僚の根井雅弘京都大学教授が私に新書で行動経済学を書き下ろしてみないかと誘ってくれたのは、そんな折である。喜んでその誘いを受けることにした。私の師である伊東光晴先生はおっしゃった。「新書は通り一遍の解説書であってはならない。最先端の知的格闘が伝わるように書かねばならない」。本書でも、私が日々の研究で格闘しているさまを分かりやすく、ありのまま伝えていきたい。

行動経済学　目次

第2章 時間上の選択

47

第5章 ゲーム理論と利他性 191

第6章　行動経済学の挑戦　215

おわりに　240

イラスト・森谷満美子

第1章　行動経済学とはなにか

歪《ゆが》みのないコインを弾《はじ》いて表裏を見る。基本的には表の確率と裏の確率は等しく、10回弾けば、表裏ともに5回ずつ出るはずである。もしも偶然に表が10回続けて出たならばどう感じるだろう。過去に何度表が出ようと次の1回には影響を及ぼさないはずである。

しかし、人間の心理は異なる。次の1回も表が出るように感じてしまう。このように理屈とは異なるが、無視できない心理の影響を行動経済学は重視する。本章では、行動経済学が伝統的経済学とどのように、ものの見方が異なるのかを解説しよう。

1　幽霊の正体見たり枯れ尾花

見たいものと見えるもの

真夜中の夜道で怖い怖いと思っていると、川端におぼろげに浮かぶ幽霊の姿。飛び上がって逃げ出したものの、翌朝よくよく見ればなんてことのない枯れススキだった。このような経験は、多かれ少なかれ、我々が日常でよく経験するところではないか。見たい見たいと思っていると見たいものが見えてきたり、見たくない見たくないと思っていると見たくないものが見えてきたりする。それが人間である。

物理的に見れば、枯れ尾花が客観的実在であるが、心理的に見れば、幽霊が主観的実在といえよう。このように、知覚が刺激の客観的性質と一致しない現象を錯覚と呼ぶ。俗にいう思い違いというやつだ。ただし、錯覚には2種類ある。一度仕組みが分かってしまえば二度と思い違いを起こさない錯覚と、仕組みが分かっていても何度も思い違いが起こり得る錯覚である。後者の錯覚を、一概に錯誤、つまり誤りとくくってしまうことはできないのではないか。事実と認知が異なることは、人間にとって避けることのできないひとつの宿命なのである。

錯視のさまざま

それでは、ここで1つの図形を見ていただこう。図1－1のカニッツァの三角形は、イタリアの心理学者ガエタノ・カニッツァが一九五五年に発表した錯視図形である。上、右下、左下に一部の欠けた黒円と下、右上、左上にくさび形の線がそれぞれ描《えが》かれている。このとき、我々の目には、中央に白い正三角形が見える。また、この正三角形は背景よりも明るく見える。客観的に見れば、このような正三角形は存在しないし、中心と周辺の白地の明るさは等しいはずである。このように、実際には存在しないが、目には見える輪郭を主観的輪郭（subjective contour）と呼ぶ。

図1－1　カニッツァの三角形

主観的輪郭のような、視覚における錯覚を**錯視**と呼ぶ。錯視には、同じ長さの平行線の長さが矢の向きによって異なって見える「ミュラー・リヤー錯視」、同じ大きさの円が囲まれる円の大きさによって異なって見える「エビングハウス錯視」、同じ大きさの円が囲まれる円の内外によって異なって見える「デルブーフ錯視」などがある。

もう1つの図形を見ていただこう。図1－2のルビンの壺《つぼ》は、デンマークの心理学者エドガー・ルビンが一九二一年（諸説あり）に発表しただまし絵である。写真は実物の壺を使っているので、元の「盃《さかずき》と顔図形」よりも立体的である。中央に注目すると壺の図形しか見えないが、背景に注目すると向き合う2人の人間の顔が見える。ただ、どちらか一方のイメージに注目すると、他方のイメージは消えてしまう。

このように、視点を変えたり、向きを変えたりすると、まったく別のものに見える絵を多義図形（reversible figures）と呼ぶ。多義図形には、同じ絵がアヒルにもウサギにも見える「アヒルとウサギ」、若い女の顔にも老婆の顔にも見える「妻と義母」、立方体の前面が入れ替わって見える「ネッカーの立方体」などがある。皆さんも必ずどこかで目にしたことがあるはずなので、インターネットなどで探してみるのもいいだろう。

図1－2　ルビンの壺（http://www.brl.ntt.co.jp/IllusionForum/basics/art/rubbin.html）

ヒューリスティクスの利用

視覚の認知科学の第一人者である下條信輔は『視覚の冒険』（産業図書、一九九五年）のなかで、「視知覚系は知的にふるまう」と述べている。つまり、人間にとって、目に見えるものは外部世界の構造を幾何学的・光学的・解剖学的に反映したものとして解釈できるということだ。しかし、考えてみれば不思議なことで、いまだに完全に視覚のメカニズムが解明されているわけではない。このメカニズムを説明する考え方として、人間の視覚は外部世界の対象の構造に関する情報を頭のなかで再構成しているという**計算論的アプローチ**があった。

しかしながら、古典的な計算論的アプローチには、人間の視覚があり得ないほどの大量の情報処理計算を瞬時にこなしていると仮定しなければならない難がある。最近では、簡単な学習ユニットのネットワークによって、視覚をはじめとする高次の適応的機能を実現しているのだという**並列ネットワーク・アプローチ**も有力になっている。

いずれにせよ、人間は超高速コンピューターではなく、ある種の近道の手続き――我々はこれを**ヒューリスティクス**と呼ぶが――を用いている。そのため、視知覚系が用いている外部世界についての仮定が、物理的世界での規則と異なっていた場合には、外部世界の構造を反映しない知覚が得られるのだ。これが錯視だと考えられる。錯視の事例でいえば、3つの頂点に注目すると三角形が見えてくるのも、我々の脳のなかの情報処理におけるヒューリスティクスによってもたらされるのだ。

2　ホモエコノミクス

超合理的な人間像

行動経済学とはなにかを考察する前に、伝統的な経済学が想定する人間像を説明しよう。経済学が想定する人間を**ホモエコノミクス**（homo economicus）と呼ぶ。ホモエコノミクスとは経済人という意味だが、ここでいうホモエコノミクスは超合理的な存在である。要するに、ホモエコノミクスは、意思決定を行うにさいして完全な情報を有し、完全な計算能力を持ち、自分の満足、すなわち**効用**（utility）を最大化できると仮定されている。人間を超高速コンピューターと考えていた点では、経済学も計算論的アプローチと同じ過ちを犯していたのかもしれない。

完全情報と完全計算能力を有する超合理的なホモエコノミクスが、実際の我々とかけ離れていることはいうまでもない。

夏休みの旅行の予定を立てようにも旅行先の天気すら分からないし、一家全員の宿泊代から食事代まで完全に計算することは難しい。大まかな見こみと計画は立てるものの、雨にたたられたり、予算オーバーしたり、ことはなかなか予定どおりに運ばない。こんなことなら、家でのんびりしていればよかったと後悔することもしばしばである。

私も職業柄、経済学者の生態には詳しいが、研究でホモエコノミクスを仮定する経済学者自身がほかの人と比べて特別に合理的であるかどうかは判断が難しいところである。むしろ疑わしいようにも思える。人間が完全情報や完全計算能力を持つと仮定したモデル思考によって、さまざまな予想や説明が可能になるのは事実であるが、思考実験と観察される現実とはあくまで異なることを忘れてはならない。

古典派経済学の人間像

経済学者の弁護をすると、歴史的に経済学者が人間を合理的で利己的であるとみなしてきたわけではない。十八世紀後半に『国富論』を著し、経済学の父と呼ばれるアダム・スミスを例にとろう。アダム・スミスは、「神の見えざる手」を切り口に、人間の利益追求行動が市場メカニズムの調整機能を通じて社会全体の公益につながることを論じた人物のようにいわれることもある。最近では、まるで市場万能主義の守護神のようだ。

図1－3　アダム・スミス

実をいうと、スミスは「神の見えざる手」という言葉を価格メカニズムという意味で使ったことは一度もなかった。スミスの描く人間は社会的な存在であり、他者への共感を持ち、公平な観察を通じて社会的秩序の実現を目指すものとして描かれている。

興味のある読者は、水田洋氏の『アダム・スミス――自由主義とは何か』(講談社学術文庫、一九九七年)、新しくは堂目卓生氏の『アダム・スミス――「道徳感情論」と「国富論」の世界』(中公新書、二〇〇八年)などの入門書に詳しいので参考にされるといいだろう。

図1－4　ジョン・スチュアート・ミル

偉大な経済学者がホモエコノミクスとかけ離れた人間像を抱いていたのは、アダム・スミスに限った話ではない。最大多数の最大幸福を論じたジェレミ・ベンサム流の功利主義とアダム・スミスの古典派経済学を継承したのは、十九世紀の偉大な倫理学者にして経済学者のジョン・スチュアート・ミルである。

ミルは、危害を加えない行為は合法化されるべきだという「**危害の原理**」を本格的に論じた最初の1人であり、他方で漸進的な社会民主主義の可能性を信じたロマンティストでもあった。今日の行動経済学への道程を考えるうえで、スミスと並んで、ミルの足跡は外せないものといえよう。

ミルの経済学説をめぐっては、その仮定する価値観があまりに経済的利得に偏っていると同時代の論敵から批判された。これが経済学説史上、最初のホモエコノミクス論争なのであるが、誠実なヒューマニストのミルが経済学帝国主義の親玉として非難されたのは皮肉だった。ミルこそは、十九世紀イギリスの深刻な人口危機と所得格差に多大な関心を払い、人間知性への信頼を失わなかったモラルサイエンティスト、つまり道徳科学者だったのである。ミルが、今の経済学のホモエコノミクス的人間像を聞かされたら、飛び上がって反対するに違いない。

ミルの道徳科学の視点は、アルフレッド・マーシャルやジョン・メイナード・ケインズたち、イギリス経済学、なかんずくケンブリッジ学派の伝統に引き継がれていく。二十世紀前半、大恐慌時代にあって、不況克服の経済学であるマクロ経済学を構築したケインズ革命以前と以後の断絶に目がいきがちであるが、経済学の覇権がアメリカに移り、数理モデル全盛になるまでの、イギリス社会に根を張ったモラルサイエンスの伝統にも、我々は目を向けるべきだろう。

現代経済学の人間像

ホモエコノミクス的人間像を作ったとされる偉大な古典経済学者がホモエコノミクスとは異なる人間像を心に抱いたからといって、現代の主流派経済学の理論がホモエコノミクスの仮定のうえに立脚してきたことは紛れもない事実である。もちろん経済学者も、実際の人間が完全認知、完全計算能力を持ち、利己主義だけで行動すると考えているわけではない。そこで出てきたのが進化論的な後知恵である。

種の進化が自然淘汰《とうた》による適者生存によって起きるという進化論的な生物学と同じような論点から、進化経済学者アーメン・アルチャンは、生物界の自然淘汰と同様に、経済界では市場淘汰の圧力が働くので、利潤の最大化から外れた企業や効用の最大化から外れた消費者は退出せざるを得ないと考えた。長期的には、当の本人が意識するとせざるとにかかわらず、非合理的な企業や消費者は市場から淘汰され、ホモエコノミクス的な振る舞いをするものだけが生き残ると考えたのである。

市場淘汰論の限界

だが、私には、アルチャン流の市場淘汰論が企業や消費者の合理性を説明できるとは思えない。進化論が想定する時間単位は数百万年にも及ぶ途方もない間隔である。その間に、環境に適合できなければ、確かにその個体や種は淘汰されて消えてしまうだろう。

他方で、企業や消費者が非合理的な行動をとった場合、市場から淘汰される圧力はどの程度であろうか。企業は利益を生み出すことができなければ、やがて存続することができなくなる。したがって、長期的な利潤最大から外れた企業は市場淘汰圧力を受けるだろう。

しかし、本業から外れた短期利潤の最大化のために企業がかえって事業に失敗するのもよくあることだ。また、ヨーゼフ・シュンペーターは、経済発展の源であるイノベーションをになうのは毎日のルーチンを繰り返す経営管理者ではなく、失敗のリスクを顧みず生産要素のまったく新しい結合方法を考案する企業家であると論じた。

いずれにせよ、現代の法人企業は、擬人化されて語られることもあるが人間そのものではない。人間の効用最大化と企業の利潤最大化は、異なる次元の問題である。どちらかといえば、企業行動は組織論的な課題である。

他方で、消費者が合理的な行動から外れたからといって、当の本人は馬鹿なことをしたと後悔はするだろうが、自己破産でもしない限り、市場から淘汰されるわけではない。閉店セールやバーゲンセールに出くわして、「本日限り」や「お買い得」の広告につられ、欲しくもないものを買ってしまった後の苦い気分を思い出してほしい。今の消費者が昔の消費者よりも賢明になっているという証拠はない。

バブル経済への投機を考えると分かりやすいだろう。我々はあまり過去の教訓から学ぶことなく、同じことを繰り返しているのではないか。また、現代の福祉国家は、生活困窮者や社会的弱者にも、最低限の経済生活の保障を与えているので、経済的失敗＝市場からの撤退とはいえなくなっている。要するに、市場は人間をホモエコノミクスに変えてしまうようなスパルタ教育の場ではないし、市場がホモエコノミクスから構成されているという証拠も今のところ貧弱である。

3　限定合理性

経済学者にだまされない？

ここからは、いよいよ行動経済学について説明していきたい。伝統的経済学と行動経済学の最大の違いは人間の合理性についての考え方である。伝統的経済学では、人間を完全に合理的であると考えるところから出発する。もちろん、だからといって、経済学者が、人間が本当にホモエコノミクスのように振る舞うと信じているわけではない。完全合理性の仮定から予想される均衡経済の状態を考え、実際の人間の合理性が不完全であるならば、現実の経済がどの程度均衡状態から外れるのかを考えればよかろうと思っている。均衡から外れても、バネの振動のようにやがては揺れが収まり静止状態に至るならば、非合理性の揺らぎも大した問題ではなくなる。

だが、そのような迂回《うかい》したアプローチで本当に痒《かゆ》いところに手が届くのかどうかはよく分からない。人間とはおかしなもので、合理性と均衡を用いて計算してばかりいると、本当に現実がそうなっているかのように錯覚したり、あるいは現実がそうでなかったりすると、悪いのは現実のほうだと勘違いしてしまうことがある。そのような経済学者が陥りがちな落とし穴に対して、最も痛烈に批判したのは、ケインズの研究協力者でもあった女流経済学者ジョーン・ロビンソンである。

ロビンソンは、ケインズ革命以後、自由放任を奉じる伝統的経済学がアメリカで次第に勢力を盛り返したことを「経済学第二の危機」と銘打ってきわめて強い口調で批判したことで知られている。彼女は、経済学を研究している若い経済学者が合理性や均衡というのが架空の理想状況であると知りながら、博士号を取得する方便として研究するうちに、やがては取り憑《つ》かれてしまうことを皮肉り、「経済学を学ぶ目的は経済学者にだまされないようにするためである」という警鐘を残した。

合理性には限界がある

人間の合理性には限界がある。たとえば、我々の記憶には限界があるし、計算間違いもしょっちゅうである。この当たり前のことを正面から取り上げ、1つの学問体系にまで完成させたのが、アメリカの万能学者ハーバート・サイモンである。サイモンは経済学のみならず、政治学、経営学、心理学、情報科学など、ありとあらゆる学問分野に大きな足跡を残し、一九七八年にノーベル経済学賞（ノーベル記念経済学スウェーデン銀行賞）を受賞した。

サイモンは、一九五七年に「合理的選択の行動主義的モデル」という論文のなかで、人間の合理性には限界があることを**限定合理性**（bounded rationality）と名付けた。限定合理性それ自体は決して難しい概念ではなく、むしろ当たり前のことをいっているにすぎない。要するに、人間には、認知能力に限界があるのみならず、計算処理能力にも限界があるので、最も高い効用を与えてくれる選択肢を探すという最大化は成り立たず、せいぜいこれで十分だと満足のいく選択

図1－5　ハーバート・サイモン（左）（*Models of a man*, Mie Augier and James G. March eds., 2004）

肢を探すという満足化が精一杯だというものだ。

伝統的経済学の考え方

伝統的経済学では、意思決定のプロセスを次のように分解してみせる。

①与えられた選択肢の集合を定義しよう。
②ある選択肢を選んだときの結果を想定しよう。たとえば、確率〇〇%で△△の結果が生じるとする。
③最も効用が高くなるような選択肢を選ぶことにしよう。

たとえば、あなたはいま、高校三年生だとし、就職か進学かで迷っている。もう十月だ。いよいよ決定しないといけない。進学するには入学試験を受けなければならない。あなたの子供のときからの夢は医学部に進学し、僻地《へきち》離島の医療に役立つことだ。あなたには病気がちな父親と働き者の母親、そして弟と妹が1人ずついる。苦しい家庭的事情もあって、学費の必要のない自治医科大学を目指しているが、母親からは浪人をさせる余裕はないといわれている。あなたの第一希望の大学の合格率は、予備校の模擬試験の判定によると20%と出ている。

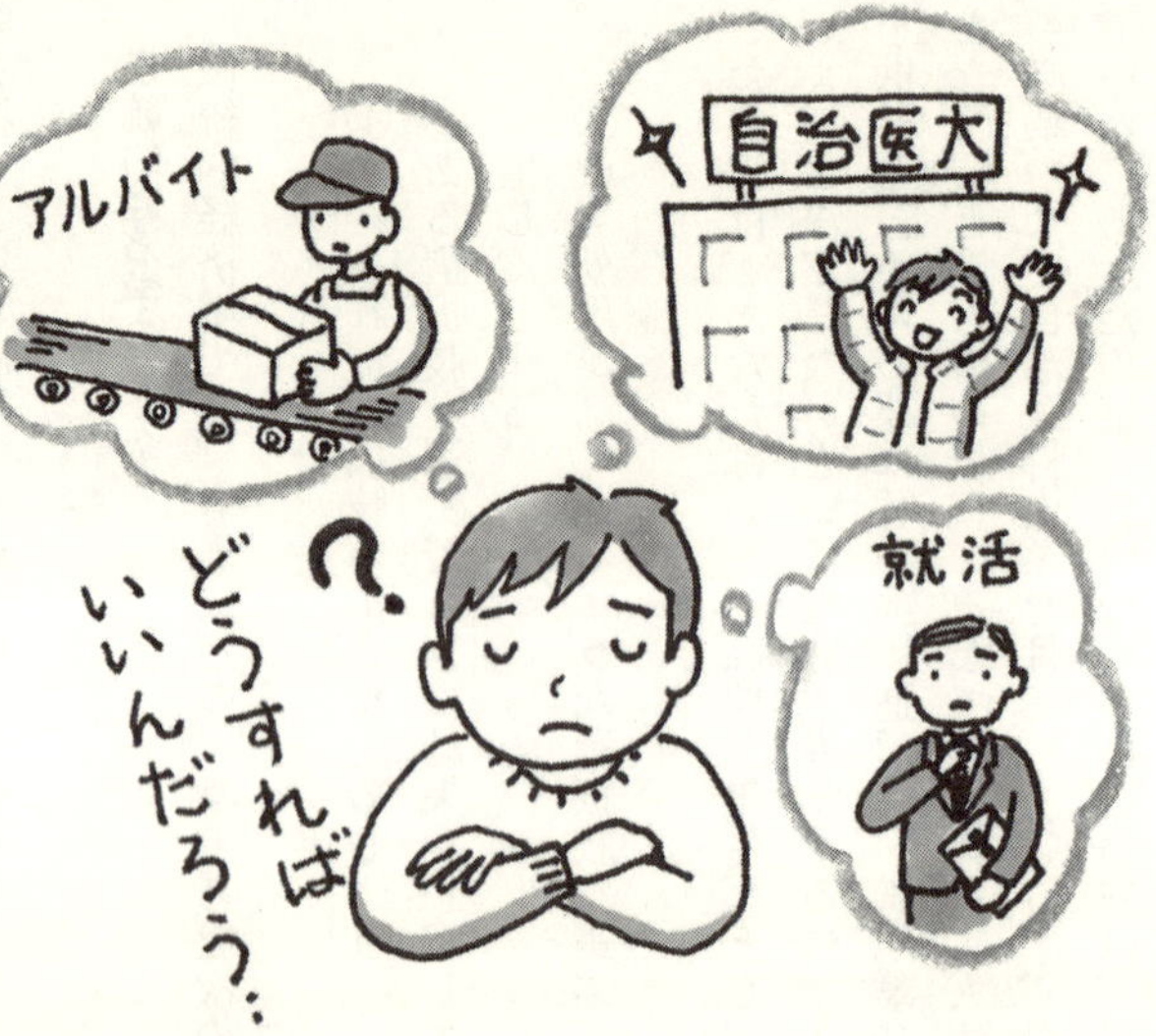

いる。地元の高校では成績優秀なほうだが、医学部ともなると、合格への道は険しい。

就職をする場合には2つの道がある。大学進学をあきらめて、今すぐに就職活動を始めれば、高校からの推薦を受けて、地元の有力なメーカーから内定をもらうことができる。親はあなたの意思を尊重するとはいうものの、夢を見るのもよいが、少し現実的になったらどうだと考えているようだ。大学を受験して、三月に合格発表が済んでから就職先を探しても、もうまともな就職先は残っていない。そのときは、知り合いが経営する工場でアルバイト従業員として雇ってもらい、家計の手助けをしていくしか道はない。

さて、このような状況のときに、あなた

はどのような選択をするべきか。意思決定ツリーを分かりやすく図1-6のように整理してみよう。大きなリスクを抱えても、大学を受験するべきか。大変迷うのではないか。

この選択問題を正確に議論するためには、リスク下の意思決定問題を考えなければならないが、医学部を受験するときの効用は、次のように与えることができる。

0.2×医学部に合格したときの効用+0.8×医学部を不合格となったときの効用

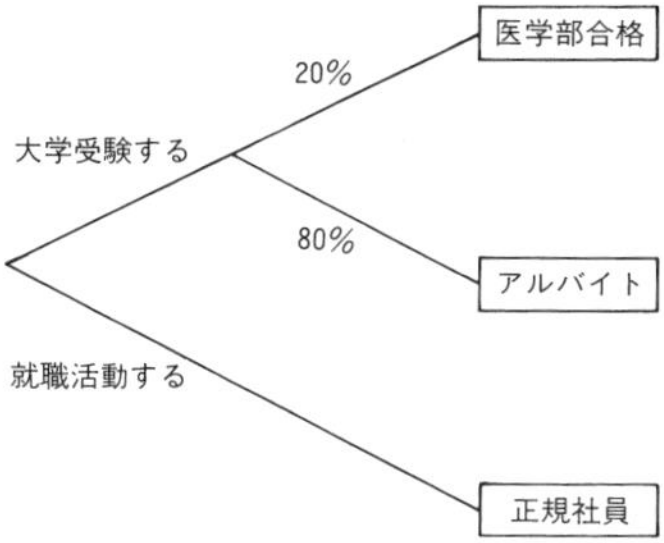

図1-6　意思決定ツリー

それぞれの効用の前に掛けられている数字は、状態が実現する確率である。この効用の確率で加重した期待値が、医学部を受験せずに就職するときの効用よりも大きければ医学部を受験し、小さければ医学部を受験しないのが、伝統的な経済学が考える合理的な選択である。

限定合理性の考え方

しかし、実際の人間の合理性は限定的であるために、右記のような意思決定プロセスとは異なるかもしれない。

第一に、選択肢はあらかじめ定まったものとして外から与えられるのではなく、人間が自ら「発見」するものである。先の高校三年生の例でいえば、選択肢は2つに限られたものではなく、試行錯誤の末に見つけていくものである。たとえば、働きながら医学の道を志す別の道があるかもしれない。

第二に、選択肢と結果の間の関係は一義的なものではない。本人の意思と努力次第では、合格する確率は、20%から30%、40%……と上げることができるかもしれない。

第三に、人間の選択は効用の期待値を最大化するものであるとは限らない。確率的期待値は低くても、最善な状態を目指して、夢を選ぶような人間もいる。

第四に、人間は結果のみに生きるものではない。結果にたどり着くまでの過程も重要である。たとえ望んだ結果が得られなくても、最善を尽くしたならば、満足できるのかもしれない。

要約すると、限定合理性の理論では、意思決定のプロセスを次のように考えている。

①選択肢は内生的に発見されるものだが、時間と費用がかかる。
②結果の確率は外生的に与えられたものではなく、主観的に評価される。
③効用は選択の結果だけではなく、過程からも影響されるので、効用、不効用を正確に

測るのは難しい。
④選択肢の決定は、効用最大化ではなく、満足化によって決められる。

4　ヒューリスティクス

ヒューリスティクスの発展

ノーベル賞経済学者サイモンが指摘したとおり、人間の合理性には限界が存在することが分かってきた。サイモンは、むしろ問題解決の可能な選択肢を発見する過程こそ研究すべきであると主張した。選択肢の探索と評価には時間と費用がかかるので、人間は簡便な問題解決法を用いて、最適ではなくても満足のできる選択肢の発見に努めるとした。この簡便な問題解決法を**ヒューリスティクス**（heuristics）と呼ぶ。

ヒューリスティクスを多面的な視点から取り上げ、経済心理学、後に行動経済学という新しい学問を築いたのが、アモス・トヴァスキーとダニエ

図1－7　ダニエル・カーネマン（©Ap Images）

ル・カーネマンである。トヴァスキーとカーネマンは、第3章で取り上げるプロスペクト理論の創始者として有名だが、彼らの研究は一九八二年にケンブリッジ大学出版社から出版された英書『不確実性下の判断——ヒューリスティクスとバイアス』によってよく知られている。

トヴァスキーは一九三七年に生まれ、残念ながら一九九六年に死去した。ミシガン大学で博士号を取得後、一時期イスラエルのヘブライ大学で教えた後、スタンフォード大学で教えた。カーネマンは一九三四年に生まれ、カリフォルニア大学バークレー校で博士号を取得後、やはりイスラエルのヘブライ大学で教えた後、長らくプリンストン大学で教えている。

カーネマンは、二〇〇二年に長年の経済心理学、行動経済学への貢献が認められて、実験経済学者の創始者バーノン・スミスと一緒に、ノーベル経済学賞を受賞した。ノーベル賞は生存者にしか授賞されないが、もしトヴァスキーが存命ならば共同受賞したことであろう。

直感的な意思決定

ヒューリスティクスとは、近道とか、目の子算とか、親指の法則などともいわれる。人間の認知や情報処理能力には限界があるので、効用を最大化する最適な解を見つけ出す時間はない。そこで、せいぜい満足化原理に従い、理性的というよりは直感的に、限られた時間のなかで意思決定を行うしかない。そのときに、人々が用いるルールがヒューリスティクスである。重要なのは、ヒューリスティクスは単なるでたらめではないという点である。最適な解と現実的な解の乖離には、体系的な法則性がある。これを**バイアス**という。人間の判断はヒューリスティクスに従うがゆえにバイアスを伴うが、まったく行き当たりばったりのでたらめであったならば、その人は失敗ばかりで出世も栄達もかなわないだろう。また、長い生物学的進化の過程で人間そのものが淘汰され、絶滅してしまっていただろう。したがって、ヒューリスティクスには、経済学とは異なる別の合理性が備わっていると考えることもできる。

3つのヒューリスティクス

トヴァスキーとカーネマンは、3つの代表的なヒューリスティクスを紹介している。

第一のヒューリスティクスは、**代表性ヒューリスティクス**である。代表性ヒューリスティクスとは、人間が判断するさいに論理や確率に従わず、サンプルAがタイプBにどのくらい似ているかとか、どのくらい典型的であるかという基準に依存してしまうことを表す。

たとえば、A子さんは35歳、結婚して5年、明るく社交的である。留学しMBA（経営管理学修士）も獲得している。このとき、A子さんは「一児の母親かつキャリアウーマンだ」

という確率が、「一児の母親だ」という確率よりも高く想定される。本当は、前者は後者の部分集合なので、前者の確率のほうが低い。

第二は、**想起しやすさ**（アベイラビリティ）**ヒューリスティクス**である。想起しやすさヒューリスティクスとは、心に思い浮かびやすい事象に過大な評価を与えてしまうことを表す。たとえば、3文字目に「流」の字を使う四字熟語を挙げてもらうときに、「○○流転」という条件をつけたときと「○○流○」という条件をつけたときでは、より制約的な前者のほうが「生々流転」などのような熟語を思いつきやすい。しかし、「生々流転」のほかにも、「不易流行」、「行雲流水」など、3文字目に流の字を使う熟語は多数ある。

第三は、**係留**（アンカー）**ヒューリスティクス**である。係留ヒューリスティクスとは、人間が最終的な解答を得る過程で、初期情報に依存し、出発点から目標点の間に十分な調整ができないことを表す。

たとえば、質問1では、富士山の標高は3000メートル以上か否かという質問の後に富士山の標高は正確には何メートルかを問う。質問2では、富士山の標高は4000メートル以上か否かという質問の後に富士山の標高は正確には何メートルかを問う。実際の富士山の標高は3776メートルだが、最初の質問の標高の情報に引きずられるため、後者のほうが、前者よりも高目の回答になる。

以下、それぞれのヒューリスティクスについて詳しく説明しよう。

５　代表性ヒューリスティクス

リンダ問題

代表性ヒューリスティクスとは、人間が判断するさいに、どのくらい典型的であるかという基準に従うことである。典型的というところを**ステレオタイプ**と言い換えてもよい。人間の判断はとかくステレオタイプに左右されやすい。トヴァスキーとカーネマンによって考案された代表性ヒューリスティクスとして最も有名なリンダ問題を例にとり考えてみよう。

> リンダは31歳。独身、話し好きで、社交的である。大学時代は哲学を学び、差別や社会的問題について深い関心を持ち、反核運動にも参加していた。
>
> さて、右の説明文から想起されるリンダとして、一番もっともらしいのは次のうちどれだろうか。

「代表性ヒューリスティクス」の例
リンダらしいのはこっちよ！
銀行窓口係
フェミニスト運動家

●リンダはフェミニスト運動家である。（F）
●リンダは銀行窓口係である。（T）
●リンダはフェミニスト運動家で銀行窓口係でもある。（T&F）

リンダの性格から、読者はリンダが闘うフェミニスト運動家であること（F）はもっともらしいが、地味な銀行窓口係であること（T）はもっともらしくないと考えるだろう。さらに、リンダが銀行窓口係である（T）よりはフェミニスト運動家で銀行窓口係でもあること（T&F）のほうがもっともらしいと思うのではないか。実際に

BOX1－1　リンダ問題の誤り

ある状態Xが生起する確率をP(*X*)で表すことにしよう。このとき、人々はP(*T*&*F*)＞P(*T*)と判断していることになる。リンダが銀行窓口係であることは、リンダがフェミニスト運動家である銀行窓口係であることよりも広い事象である（T⊃T&F)。より小さな事象のもっともらしさを大きいとする確率判断（P(*T*&*F*)＞P(*T*)）は論理的に誤りになる。

は、リンダが銀行窓口係であるフェミニスト運動家（T＆F）よりは銀行窓口係であること（T）のほうが確率論的にはもっともらしい。

カナダの大学生を対象に調査したところ、次のような結果であったという。

リンダのもっともらしさが、フェミニスト運動家（F）∨フェミニスト運動家で銀行窓口係（T＆F）∨銀行窓口係（T）と回答した比率……85％

どうやら人間は論理的な判断ではなく、ステレオタイプ的な判断に従うのである。リンダを銀行窓口係よりもフェミニスト運動家らしいと思いこんだ読者は、論理的思考を無視しても、リンダはどうあってもフェミニスト運動家に違いないと言い張るわけだ。リンダ問題を確率論的な観点から説明することもできる。詳細はBOX1－1を参照されたい。

根強いヒューリスティクス

このような主張は、文章が曖昧《あいまい》だったから引き起こされたのかもしれない。そこで、文章形式を正確にして、次のように聞いてみたらどうなるだろうか。

①リンダはフェミニスト運動家の銀行窓口係であるよりも、銀行窓口係であるほうがもっともらしい。なぜならば、フェミニスト運動家の銀行窓口係は銀行窓口係の一例であるが、女性銀行窓口係がすべてフェミニスト運動家であるわけではないからである。

②リンダは、銀行窓口係であるよりも、フェミニスト運動家の銀行窓口係であるほうがもっともらしい。なぜならば、リンダは一銀行窓口係であるよりも、フェミニスト運動家であるほうが似つかわしいからである。

この2つを比べれば、①のほうが②よりも論理的に正しい文章になっている。この2つの議論のどちらが説得的であるかを、改めてカナダの大学生に聞いてみたところ、前述の代表性ヒューリスティクスと同じ傾向が改めて支持された。

②の議論のほうが①の議論よりも説得的であると回答した比率……65%

以上から、代表性ヒューリスティクスはかなり根強い判断形式であると結論できよう。我々が命題のもっともらしさを判断するときには、集合論的な包含関係あるいは論理的思考から判断しているのではない。なにか強烈に心に残るイメージの残像にとらわれるように一番もっともらしいステレオタイプに影響されるのである。

リンダの特徴を聞いて、リンダのイメージを頭のなかに思い浮かべた人にとっては、リンダはフェミニスト運動家（リンダの代表性）であるべきで、際だった特徴のない銀行の事務職では納得できないのである。この意味で、思い浮かべるという認知活動は、自分にとって都合よい典型的なイメージを想像＝創造する作業であり、一度この作業が完了した後、頭のなかを再起動することはパソコンを再起動するよりはるかに難しいのである。人間は、何度再起動ボタンを押しても再起動できないフリーズしたコンピューターのようなものである。

リンダ問題再考

リンダ問題をもう一度、次のように書きかえて考えてみよう。

フェミニスト運動家であろうがなかろうが、リンダは銀行窓口係である。(T*)

この文章形式は、Tのなかに T&F が含まれていることを分かりやすく強調している。にもかかわらず、結果はおおよそ以前のとおり、論理的判断ルールを破る者が過半を占めた。

リンダのもっともらしさが T&F∨T* と回答した比率……57%

したがって、リンダ問題でフェミニスト運動家をリンダの代表性と考え論理的判断ルールを破ることは、決して文章形式に起因する誤解ではないことが分かってもらえるだろう。代表性ヒューリスティクスは起こるべくして起こるのである。

それにしても、カナダの大学生が、頭では完全に理解しているはずの初歩の論理学を無視してしまうことは驚きである。代表性ヒューリスティクスが、人間の深い本性と密接につながっていることを示唆するものである。

表1－1　2つの認知システム

①直感的な認知システム	②内省的な認知システム
自動的で、骨折りなしで、連想的で、瞬時で、無意識で、熟練したプロセス	統制のとれた、骨折りで、演繹的で、慎重で、意識的で、計算されたプロセス
感情的で、因果列的で、具体的で、プロセス指向の内容	中立的で、統計的で、抽象的で、集合論的な内容

記録よりも記憶

カーネマンは人間の認知システムを、表1－1のように2つのタイプを引き合いに出して、代表性ヒューリスティクスは①の直感的な認知システムと関係しているのではないかと推測している。限定合理性の考え方は、②の内省的な認知システムを稼働させるには、時間も手間もかかるので、費用対効果でもってシステム①と②の効率性によって稼働するシステムがスイッチするというものである。

①の直感的な認知システムが②の内省的な認知システムよりも安上がりであり、日常的判断におけるパフォーマンスもそれほど悪くないならば、①のシステムを②のシステムよりも優先的にスタンバイさせておくのは、我々人間にとって進化論上、悪い戦略ではなかったのかもしれない。代表性ヒューリスティクスに示されたバイアスは、人間の安上がりな認知システムの代償なのかもしれない。

私が講義で代表性ヒューリスティクスとして用いる例を紹介しよう。プロ野球の巨人軍の長嶋茂雄選手の生涯成績は打率3割5厘、本塁打444本であり、決して球史に残る超一流の打撃成績ではない。しかし、後楽園球場の天覧試合で村山実から打ったサヨナラ本塁打のように、バッキーの危険球騒動とその直後の王貞治の死球退場で騒然とする甲子園球場でかっ飛ばした本塁打のように、観衆の心を震わせ、人々の記憶のなかに長く刻みこまれるような活躍があったからこそ、プロ野球史上最高のスターとして今日なお語り継がれている。チャンスにクリーンヒットを打つナガシマは、チャンスで併殺打を打つナガシマよりも「長嶋茂雄」らしい。この実例は若い学生にはさっぱり通じなかったが、年輩の聴講生にはよく通じた。記録よりも記憶は強いことを物語るエピソードである。

6　想起しやすさヒューリスティクス

イメージが大切

想起しやすさヒューリスティクスとは、人間が判断するさいに、心に思い浮かびやすい類例や記憶の鮮明さに過度に依存してしまうことである。我々は日常生活において、実際の統計的根拠とは無関係に、根拠の薄弱な経験だけに頼りすぎてはいないだろうか。溺《おぼ》れる者がワラをもつかむように、我々は主観的なイメージに頼りがちである。

「想起しやすさヒューリスティクス」の例
飛行機は恐いから
遠くても車で行こう
車の方が
事故の確率
ずっと高いのに。

たとえば、交通事故を考えるときに、我々は航空事故の惨劇をありありと思い浮かべることができる。一九八五年八月十二日夕方、日本航空１２３便、東京発大阪行きのジャンボジェットが群馬県多野《たの》郡上野《うえの》村の御《お》巣《す》鷹《たか》の尾根に墜落した事故は、今なお人の心を揺さぶり、小説や映画の題材になっている。

しかしながら、実際には、航空事故の頻度は自動車事故の頻度とは比べものにならないくらい低い。事故で怖いのは、頻度からいえば、飛行機ではなく自動車のほうである。それでも、我々は自動車よりも飛行機を危ないものと考えがちである。これも飛行機事故の想起しやすさからくるバイアスの一種である。

有名な想起しやすさヒューリスティクスをいくつか紹介しよう。

●一例をもって範例とみなす。自分の祖父が1日3箱タバコを吸うヘビースモーカーだったにもかかわらず、100歳まで生きたことを引き合いに、喫煙は人体に無害であると主張する。

●思いつきやすさで判断する。英語で、Kで始まる単語と単語の3字目にKがくる単語のどちらが多いか考えてみよう。Kで始まる単語を思いつくのは簡単である。たとえば、kangaroo, kitchenなどなど。他方で、3字目にKがくる単語を思い浮かべるのはなかなか困難である。たとえば、hike, acknowledgeなど。しかし、実際に英語辞典を調べてみると、Kが3字目にくる単語のほうが、Kで始まる単語よりも3倍も多いのである。

●イメージはなかなか消えない。一九七六年当時のアメリカの大統領選挙の話であるが、ジェラルド・フォードが選挙で勝利する光景を想像させた被験者は、フォードが選挙で勝つ見こみを高く見積もった。反対に、ジミー・カーターが選挙で勝利する光景を想像させた被験者では、反対の結果になる。

小数の法則

いったい、なぜ人間は想起しやすさを過度に重視するのだろうか。それには、それなりの理由があるだろう。時間は戻らないがゆえに、我々は人生の一大事を繰り返すことが難しい。入学試験の失敗を取り返すのにはさらに1年の時間を必要とする。就職や結婚の失敗を取り返すとなると、何年もの時間を必要とする。決して取り返しのつかないような失敗もあり得る。人生は有限であるからこそ、一度限りの経験が重みを持つのである。

たった一度、されど一度。統計学が語るところの大数の法則に対して、**小数の法則**と呼んでもよい。大数の法則とは何度も実験を繰り返せば、観察される頻度はその確率に近づくことを表した法則である。統計学が何度も繰り返すことができる事柄を扱うのに対して、我々は繰り返しのきかない人生を生きている。繰り返しのきかない人生だからこそ、有限の経験に頼ってしまうのであろう。

しかし、小数の法則は諸刃《もろは》の剣でもある。外部環境が大きく変化せず、昨日の経験が今日も活《い》きるならば、想起しやすさヒューリスティクスはよいガイドラインとなるだろう。しかし、外部環境が激変したり、行動と結果の間の不確定性が大きかったりする場合、想起しやすさヒューリスティクスは、かえって判断を誤らせることになる。ヒューリスティクスに従うか、厳密な最適解を探索するかのどちらがいいのかは、対費用効率性で測られるべき問題である。想起しやすさヒューリスティクスには人間の本性の奥深いところに根ざし、何十万、何百万年も我々の行動に影響を与えつづけてきた進化論的な合理性があるのではないだろうか。

今は文明が進み、我々が計算しないでも、コンピューターで複雑な計算をすることもできる。役に立つ情報をインターネットで簡単に検索することもできる。一昔前ならば、どんなに時間をかけて熟慮したところで、瞬時の勘や思いつきを上回る解答を得られたわけではなかろう。このように、ヒューリスティクスに頼って判断することが当人にとっていいのかどうかは、時代とともに変わりゆくものである。

7 係留ヒューリスティクス

思いこみは消しにくい

係留ヒューリスティクスとは、人間が判断するさいに、特定の情報や特定の数値に過度に依存し、なかなか変更がきかないことである。我々は日常生活において、実際の統計的根拠とは無関係に、思いこみやデマにとらわれていることはないだろうか。一度こうだと思いこんでしまうと、分かっていてもなかなか考えを改めることは難しい。

たとえば、アメリカの西部のカリフォルニア州住民（日本でいえば宮崎県あたり）と中西部のミシガン州住民（日本でいえば青森県あたり）それぞれに、どちらが幸福であると思うかを聞いてみたところ、両方ともにカリフォルニア州住民のほうがミシガン州住民より幸福であると回答した。しかし、実際のところ、カリフォルニア州住民の回答する自州の幸福度とミシガン州住民の回答する自州の幸福度にはなんら有意な違いは存在しなかった。

いったい、なぜカリフォルニア州の住民のほうが幸福だというバイアスが生じたのだろうか。イメージしやすい青い空と降り注ぐ太陽といったカリフォルニア州に有利な天候に関するイメージが過大に評価され、忘れられがちな犯罪率、自然災害率といったミシガン州に有利な数値が過小評価されていたことも分かった。

非論理性とバイアス

有名な想起しやすさヒューリスティクスをいくつか紹介しよう。

●与えられた情報に回答が左右される。国際連合におけるアフリカ諸国の比率を当てさせてみよう。1つ目のグループでは、最初に、それは10％よりも上か下かと聞く。次に、正確な数値を回答させた。2つ目のグループでは、10％の代わりに65％の数字を入れ、同じ質問をした。1つ目のグループの回答は25％、2つ目のグループの回答は45％と、前者の数値が後者の数値よりも低かった。これは10％よりも上か下か、65％よりも上か下かという最初の質問が2つ目の質問の回答結果に影響を与えているからである（実際は、192ヵ国中53国なので28％である）。

●最初の回答に次以降の回答が影響される。たとえば、ジョージ・ワシントンがアメリカの初代大統領に選ばれたのは何年かと質問することにしよう。正しい答えは一七八九年なのだが、案外正答を答えるのは難しい。そこで、回答まで誘導しよう。たとえば、独立宣言は何年でしたかと聞く。その答えは一七七六年だが、その後にワシントンの大統領就任年を聞くと、一七七六年に近い回答が返ってくる。それとは別に、第一次独立戦争と第二次独立戦争（米英戦争）はそれぞれいつ始まったかと聞けば、ワシントンの大統領就任年への回答も、一七七五年と一八一二年の間の一七八九年に近い回答が返ってくる。

限定合理性があるがゆえに、人間が判断するときに必ずしも論理的に正しい選択をするとは限らず、係留ヒューリスティクスと呼ばれるバイアスを示すことが多い。人間が疑問に直面したとき、白紙の状態から一番近道をたどって正答にアプローチするのではない。実際には、あれかこれかの試行錯誤を凝らして、「なんとか正答へたどり着く道筋はないか、そのヒントはないか」と一生懸命もがき苦しんでいるのである。

右の2つ目の例でいえば、ワシントンは独立戦争（一七七五−八三）の英雄であり、独立宣言は一七七六年であるから、ワシントンの大統領就任も当然一七七六年の後である。問題は大統領就任が独立戦争から何年経過した後かであるが、案外、13年も後とは思わない。そこで、独立宣言のすぐ後とした回答が多い。

しかし、ナポレオン戦争に端を発する第二次独立戦争（一八一二−一四）の情報を回答者に与えることによって、ワシントン大統領＝独立戦争の英雄というアンカー（錨《いかり》）は弱められ、回答はより正解に近付くというわけだ。

確率判断のバイアス

係留ヒューリスティクスは確率判断にもあてはまる。その代表例が**ベイズの定理**からの乖離である。ベイズの定理とは、最初にこの出来事の起きる確率はこのくらいであろうという

BOX1－2　ベイズの定理

ベイズの定理は次のように与えられる。

$P(B_i)$＝事象B_i（ただし$i=1, 2$）が発生する確率（事前確率）

$P(B_i|A)$＝事象Aが起きた後での、事象B_i（ただし$i=1, 2$）の確率（事後確率）

とする。

このとき、$P(A)>0$ならば、

$$P(B_i|A)=\frac{P(B_i)P(A|B_i)}{P(B_1)P(A|B_1)+P(B_2)P(A|B_2)}$$

が成り立つ。

事前確率が、実際に出来事が起きたか起きなかったかという経験をもとに、事後確率へ改訂されていくという確率ルールを記述したものである。ベイズの定理の詳細はBOX1－2を参照されたい。

しかし、実際には人間は確率判断においてベイズの定理には従わないことがよく知られている。これは素人のみならず、医師のような学歴の高い人にもあてはまるといわれている（もっとも学歴だけでは知性が高いかどうかは分からない）。ある病気の検査を考えてみよう。たとえば、ガンの検診を想像してほしい。検査を受ける人は１０００人とする。病気にかかる確率を０・０１とすると、病気にかかっている人は10人、病気にかかっていない人は９９０人である。

実際に病気にかかっているときに検査で陽性である条件付確率を、「感度」と呼ぶ。感度を０・９と仮定すると、病気にかかっている10人のうち、検査によって陽性と判定される人が9人、誤って陰性と判定される人が1人となる。

次に、病気にかかっていないときに検査で陰性である条件付確率を、「特異度」と呼ぶ。特異度を0・95と仮定すると、病気にかかっていない990人のうち、検査によって陽性と判定される人が49・5人、正しく陰性と判定される人が940・5人となる。以上をまとめたのが表1－2である。

表1－2　ベイズの定理

		病気の有無	
		あり 10人	なし 990人
検査結果	陽性 58.5人	真陽性 9人	偽陽性 49.5人
	陰性 941.5人	偽陰性 1人	真陰性 940.5人

ベイズの定理でいえば、B_1＝病気にかかること、B_2＝病気にかからないこと、Aを検査が陽性であることとしよう。出来事が起こると予想される確率を事前確率と呼ぶ。事前確率が0・01とすれば、特別な情報がなければ、自分が病気にかかっている確率も0・01だと思うだろう。したがって、$P(B_1)=0.01$である。さて、検査の結果、あなたは陽性と判定された。そのとき、病気にかかっている事後確率はいくらになるだろうか。

ベイズの定理の分子から計算すると、事前確率0.01×感度0.9＝0.009である（$P(B_1)P(A|B_1)=0.009$）。ベイズの定理の分母を計算すると、分母の第一項は分子と同じで0・009である。分母の第二項は、事前確率0.99×（1－特異度0.95）＝0.0495

である（$P(B_2)P(A|B_2)$＝0.0495）。以上から、分母は0.009＋0.0495＝0.0585となる。

したがって、ベイズの定理によると、検査が陽性の場合、本当に病気にかかっている確率は0.009÷0.0585＝0.154である。この0・154という数値は、9÷(9＋49.5)からも簡単に計算できる。同様に、検査によって陰性と判断されながら、本当は病気にかかっている事後確率は1÷(1＋940.5)＝0.001となる。

さて、いかがだろうか。病気のときに陽性である感度が0・9なのだから、自分が病気にかかっている確率そのものを0・9と思ってしまうのではないか。陽性といわれればどんな人でもショックであり、検査結果を深刻に受け止めるのも無理はない。

実際に、検査が陽性であっても、病気にかかっている確率は0・15にすぎないのである。もともとの有病率が低いので、検査で陽性となる人数の単純比較でいえば、病気で陽性と診断される人よりも、病気でないのに陽性と診断される人のほうがはるかに多いからである。

興味深いのは、大学医学部の授業で必ずベイズの定理を習うにもかかわらず、医師の多くも患者と同じように、検査結果が陽性のときに、その結果を重く受け止め、追加的により高価な精密検査を実施することだ。

これがベイズの定理を忘れた結果なのか、確率や費用は度外視しても患者を病気から救いたいからなのか、その点ははっきりとしないが、その双方とも正しいようだ。

8　失敗学に学ぶ

成功学から失敗学へ

本章では、「行動経済学とは何か」と題して、行動経済学の根底にある世界観を説明してきた。人間は誤りを犯したくて犯しているのではなく、誤りを最小限にするには時間も費用もかかるプロセスが存在するがゆえに、誤りをゼロにすることはできない。

したがって、**無謬性**《むびゆうせい》**の仮定**は対費用効率性を考えるうえで最善ではなくなる。そうした対費用効率的な認知システムは人間の生理システムに根ざすがゆえに、人間は瞬時に判断を迫られているときに、必ずしも正確ではなくてもとりあえずもっともらしい仕組みであるヒューリスティクスを頼りに行動してきたのだろう。

判断を誤りうる存在としての行動経済学的人間像から、示唆に富むのが失敗学という学問分野である。失敗学の第一人者である畑村洋太郎は『失敗学のすすめ』（講談社、二〇〇〇年）のなかで、「創造的な設計をするためには多くの失敗が必要だ」と述べている。失敗の特性を理解し、不必要な失敗を繰り返さないとともに、失敗からその人を成長させる新たな知識を学ぼうというのが失敗学なのである。

伝統的な成功学は、「こうすればうまくいく」というマニュアルばかり強調してきたがゆえにかえって、なぜ人間は想像もつかない致命的失敗を繰り返すのかについて理解が及ばないばかりか、偉大な科学的大発見やイノベーションが実は失敗のなかから生まれてきたことを見逃してしまうのである。

ヒューマンエラーと向き合って

気をつければ間違いをなくすことができるという誤った考えこそ有害であり、ときには人を不幸に追いこんでしまう。近年の重大な産業事故や医療事故から我々が学ぶべき点は実に多いのである。二〇〇〇年二月に発生した京都大学医学部附属病院のエタノール誤注入事故を紹介しよう。

詳細は出河雅彦『ルポ医療事故』（朝日新書、二〇〇九年）に詳しいが、概要をまとめると、以下のとおりである。

当時17歳だったAさんは生まれつきの難病と闘いつづけてきた。京大病院に入院していたAさんは二〇〇〇年二月、人工呼吸器の加湿器に誤って消毒用エタノールを注入され、急性エタノール中毒を起こし、３日後に死亡した。Aさんの両親は、京大病院が組織ぐるみで医療事故を隠蔽《いんぺい》しようとしたとして、二〇〇一年十月に医療過誤訴訟を起こした。Aさんの両親にとって裁判は長く険しい道のりであった。二〇〇八年一月、大阪高等裁判所は京大の事故隠しを認めなかった一審判決を支持、両親の控訴を棄却した。

事故は新人看護師Bが、人工呼吸器の加湿器のなかに精製水ではなくエタノールを注入し、50時間以上にわたって放置したというものである。私も当時の新聞記事を読んで、これは事故というよりも殺人ではないかと思った記憶がある。

看護師Bの刑事裁判は二〇〇二年十二月に始まった。母親が看護師だったことから自然に看護師への道を歩んだ看護師Bにとって、事件のショックは大きく、仲間に勇気づけられ、職場復帰したものの、辛《つら》い毎日が続いた。

看護師Bにとって大きな転機となったのは、河野龍太郎（現・自治医科大学教授）の医療安全に関する講演だった。河野は航空管制官の経験から、「人は見たいものを見る」と語った。看護師Bは、事故当日、精製水ボトルと色形が似たエタノール容器を間違えたさまを思い出し号泣したという。

河野が二〇〇三年八月に提出した意見書は、行動経済学の世界観を語って余すところがない。

「危険を内在しているシステムは、その危険がただちに事故に結びつかないように多重の防護壁を備えているのが普通です。しかし、本事故を見ると、どこにもそれが見えません。唯一の防護壁は、『看護師による薬剤投与における①準備時、②実施時、③終了後の3段階において間違いなく薬剤を投与しているかを確認する』というものです。すべてがこの『確認』するという唯一の行為に依存しています。これは驚き以外の何ものでもありません。このような脆弱《ぜいじゃく》なシステムの存在が許されるでしょうか。医療システムの基本設計が間違っているとしか考えられません。本来ならば医療システムのような、患者の命に直結しているために高い安全性を確保しなければならないシステムでは、ヒューマンエラーの発生防止とヒューマンエラーによる影響の拡大防止の対策をシステムとして考え組みこんでおかなければなりません」

京大病院は事故の後、医療安全管理室を設置し、重大事故の再発防止に努めている。遅きに失した対策だったかもしれない。行動経済学を学ぶものすべてがこの事故を他人事《ひとごと》としてとらえては決してならない。

人間は見たいものを見る。人間は必然的に誤りを犯す。もちろん、一人一人の注意によって、誤りを最小化することは大事である。しかし、誤りは決してゼロにはならない。もっと大切なのは、人間の誤りをシステム全体にかかわる重大事故につなげないような予防システムである。

第2章　時間上の選択

今日の1万円と1年後の1万1000円のどちらかを選べといわれたらどちらを選ぶだろう。1年待つよりも、多少金額は低くても、今日の1万円を選ぶかもしれない。これを現在重視の時間選好と呼ぶ。

それでは、10年後の1万円と11年後の1万1000円ならどちらを選ぶだろうか。どうせ10年待つなら11年待つのも一緒と思うのではないか。

こんな当たり前の心理も経済学の世界では困ったことを引き起こしてしまう。本章では、行動経済学が描く人間の時間上の選択の摩訶不思議《まかふしぎ》を解説しよう。

1　時間の不思議

頭を悩ましてきた時間論

現代人は忙しい。毎日、我々は時間に追いまくられている。時計の針をながめては、次から次へ仕事や課題をこなしていく。しかし、一方的に流れすぎていく時間とはなんだろうか。時間ほど、古来、哲学者、物理学者の頭を悩ませてきた問題も少ない。

古代キリスト教の神学者アウレリウス・アウグスティヌスの『告白』は今なお古さを感じさせない。「時間とはなんであるか。だれもわたしに問わなければ、わたしは知っている。しかし、だれか問うものに説明しようとすると、わたしは知らないのである」（服部英次郎訳）。言い得て妙である。

我々の感覚では、時間には過去から未来へ一方向に進む矢が存在する。しかし、近代物理学の祖アイザック・ニュートンの世界では話が異なる。ニュートン力学では、重要な方程式はすべて時間反転に対して対称的である。台の真ん中に9つのビリヤードの玉をセットして、キューで手玉《てだま》をついて、玉と玉が衝突し、散らばっていくシーンをビデオで撮ってみよう。それを逆送りで再生した場合、玉と玉が衝突しながら、やがて中央に集まっていき、元どおり綺麗《きれい》にセットされるという珍妙な光景が見られるだろう。

物理学では、順送りと逆送りで再生した2つのシーンのどちらも同じ物理学法則が成立しており、両者の間に区別はないと考える。ニュートン的時間は後戻りが可能な世界であり、我々の直感的世界で知覚される時間の矢は存在しない。

このようなニュートン的時間に対して、真摯《しんし》に対峙《たいじ》したのは、十九世紀から二十世紀にかけて活躍したフランスの生命の哲学者アンリ・ルイ・ベルクソンである。ベルクソンは、一貫して時間論をその哲学体系の中心に据えたが、その時間論が華やかに開いた大作が『創造的進化』である。ベルクソンは、ニュートン的な時間を「空間化された時間」と呼び、それに対して意識に直接与えられた質的な時間を「純粋持続」と呼んだ。純粋持続は、空間軸に

図2－1　アイザック・ニュートン

図2－2　アンリ・ルイ・ベルクソン

線を引き、それを分割するような科学的方法では決して知覚できないものと考えた。それは哲学的直感によってのみ感知されるというのである。このようにして、ベルクソンは物理学的時間論に対して、哲学的時間論の独自性を擁護した。

時間論再考

ベルクソンが哲学の立場から時間論を展開したのに対して、物理学の内部からニュートン的時間を超克しようとした動きもあった。

第一に注目すべきは、熱力学である。熱力学とは、熱現象をエネルギー、温度、エントロピー、圧力、体積などマクロ的な物理量から記述する学問である。蒸気機関により産業革命が起こった後の十八－十九世紀、科学者・技術者はできる限り効率のよい熱機関を開発しようと競っていたが、フランスの軍人科学者ニコラ・レオナール・サディ・カルノーは摩擦や熱の損失をなくしたとしても、高熱源と低熱源の温度の比によって効率には限界があることを論じた。

カルノーの考えは、熱力学第二法則を先取りしたものであり、ケルヴィン卿《きょう》の通称で名高いイギリスのウィリアム・トムソンやポーランド出身のルードルフ・クラウジウスは、エネルギーをほかの種類のエネルギーに変換するさい、必ず一部分が熱エネルギーに変換されるために、熱の拡散の程度を表すエントロピーは一方向に増加することを論じた。これがエントロピーの法則ともいわれる熱力学第二法則であり、閉鎖した系のなかではエネルギーの劣化や情報の乱雑化には時間の矢があることを主張している。

熱力学第二法則が、マクロ的視点からニュートン的時間の見直しを迫るものであったとすれば、ミクロ的視点から新たな見方を示したのが量子力学的時間である。ニュートン力学に従えば、あらゆる物体の初期条件が測定できれば、その後の運動を完全に予測することができる。しかし、原子、電子、素粒子などの非常に小さなミクロの世界では、粒子の位置と運動量を同時に正確に測定することはできない。これが一九二七年に若きドイツ人物理学者ヴェルナー・カール・ハイゼンベルクによって提唱された不確定性原理である。

図2－3　ヴェルナー・カール・ハイゼンベルク
（『部分と全体』W. ハイゼンベルク，1974より）

量子力学の考え方によれば、ミクロの物理的状態は、いくつかの異なる状態の確率による重ねあわせとして表現される。言うなれば、観測によってぼんやり広がる確率的状態がひとつの確定した状態に収束するのである。観察とはいったいなんだろうか。いかにも人間的な響きのする観察というものは、ニュートン力学では決して登場しない猥雑《わいざつ》なものである。ハンガリーの生んだ悪魔的な数学者ジョン・フォン・ノイマンは、収束は物理的状態が人間の意識と相互作用することだと主張した。人間意識と時間の矢には切っても切れない関係があるのかもしれない。

2　経済学と時間

物理学に憧れた経済学

それでは、経済学では、時間をどのように扱ってきたのか。率直にいって、経済学と時間と銘打って、いきなり行き詰まってしまう。経済学における時間の取り扱いは、ベルクソンやフォン・ノイマンほど仰々しいものではない。経済学は人間の経済活動をベースに扱う学問であり、アダム・スミス以来、時間上の選択、たとえば投資活動を通じた資本蓄積には多大な項数を割いてきた。

荒川章義が『思想史のなかの近代経済学』（中公新書、一九九九年）で論じたように、近代経済学とニュートン力学は異相同型の理論体系を持っており、歴史的順序関係でいえば、科学に憧《あこが》れた経済学が物理学を２００年間横恋慕してきたともいえる。

したがって、ニュートン的時間において論難された問題点は基本的に理論経済学上の困難としてそのままあてはまる。俗流化した近代経済学を手厳しく批判したイギリスのジョーン・ロビンソンが擬似物理学的「論理的時間」に対して経済学独自の「歴史的時間」へ世界観の転換を訴えたのはこういう事情による。

経済学者の時間論

経済学における時間を簡単に振り返っていこう。経済学史上、現代的視点で最初に時間上の選択を論じたのは、十九世紀のスコットランド出身の経済学者ジョン・レーであったろう。レーは『資本の社会学的理論』のなかで、資本蓄積が人間の心理的な要因によって決まることを主張した。

レーが特に重視した心理的要因は以下のとおりである。第一に、子孫に資産を遺《のこ》すという遺産動機。第二に、長期的な視点から未来を見越した自制心。第三に、健康、職業、天候などに影響される寿命の不確実性。第四に、今すぐ消費することによって得られる満足の切迫度。

こうしたレーの時間上の選択の経済心理的説明は、今でも新鮮さを失わないが、経済学の歴史のなかで、オーストリア学派の重鎮オイゲン・フォン・ベーム・バヴェルクやイギリスの鬼才ウィリアム・ジェヴォンズへ山びこのように反響していく。

図2－4　アーヴィング・フィッシャー

レーの次に、時間上の選択論に大きな貢献を遺したのは、二十世紀初頭のアメリカが生んだ万能経済学者アーヴィング・フィッシャーである。彼は、一九二九年の株価の大暴落の直前に「株価は恒久的に高い高原のようなものに到達した」という失言を行い、彼自身の社会的信用を失墜させたが、幸いにも学問的信用にまでは波及せずに済み、「フィッシャーの○○」として今日の経済学においてなお語り継がれる業績は数多い。

それらのひとつであるフィッシャーの無差別曲線は、現在消費と未来消費の**トレードオフ**（二律背反）が均衡において**割引率**（discount rate）という交換比率に集約されることを表現している。

次のような例を考えてみよう。今あなたの予算は1000万円である。現在消費と未来消費の間で予算1000万円をどのように分配すればよいだろうか。現在消費を重視する人は1000万円の多くを現在消費に回し、未来消費には少ししか回さないだろう。反対に、未来消費を重視する人は1000万円の多くを未来消費に回し、現在消費には少ししか回さないだろう。

注意しなくてはならないのは、現在消費を我慢して未来消費に回せば利子がつくことである。現在消費の最大額は1000万円だが、たとえば利子率が20%の場合、予算のすべてを未来消費に回せば、予算は1200万円となる。したがって、あなたは現在消費に1000万円使うか、未来消費に1200万円使うかを両極端として、その中間の現在消費と未来消費の組み合わせのなかで最も効用が高くなるような組み合わせ、たとえば現在消費に500万円、未来消費に元本の500万円と利子の100万円をあわせて600万円使うような組み合わせを選べばよい。

フィッシャーの無差別曲線

経済学の基本的な考え方がよく分かるので、図を用いて解説しよう。図2-5は、フィッシャーの**無差別曲線**と呼ばれる。ここでは期間を現在と未来の2期間とする。もしも3期間ならば3次元、4期間なら4次元が必要となる。ただし、2期間で成立する話は多期間でも成立するので、2期間だけに話を絞ろう。

横軸が現在消費水準（C_0）を表す。縦軸が未来消費水準（C_1）を表す。原点を含む三角形$0C_0C_1$は、予算集合と呼ばれる。今持っている所得I_0をすべて現在消費に回せば、最大C_0だけ消費できる。逆に、今持っている所得I_0をすべて未来消費に回せば、最大C_1だけ消費でき

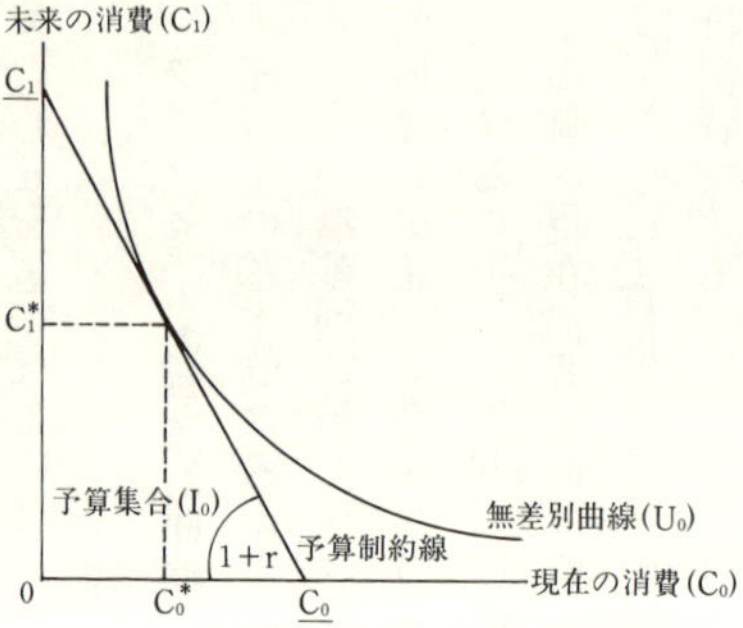

図2－5　フィッシャーの無差別曲線

る。したがって、この消費者の消費することのできる現在消費と未来消費は線分$\overline{C_0C_1}$上の1つの点として表すことができる。これを予算制約線と呼ぶ。

次に、現在消費と未来消費の組み合わせ（C_0, C_1）から得る効用が一定の曲線を無差別曲線U_0(C_0, C_1)と呼ぶ。たとえば、現在消費が未来消費よりも大きな組み合わせ、未来消費が現在消費よりも大きな組み合わせなどさまざまな組み合わせが考えられるが、同じ効用を与える組み合わせを一筆書きの線によって表したのが無差別曲線である。

無差別曲線が予算制約線と接している状態こそ、与えられた予算のなかで効用を最大にする最適現在消費と最適未来消費の組み合わせ（C_0^*, C_1^*）となる。このとき、無差別曲線の傾きを1＋rで表し、rを割引率と呼ぶ。効用が最大化されている点では、無差別曲線の傾きは予算制約線の傾きでもあるから、rは現在消費に回すのを1円我慢して、未来の消費に回すことによって得る利子とも考えることができる。つまり、均衡においてrは利子率でもある。現在消費と未来消費の最適な組み合わせにおいて、割引率と利子率は均等化するのである。

フィッシャーの無差別曲線を用いた分析の要点をまとめておこう。

割引率とは、現在消費と未来消費のトレードオフを表す。フィッシャーの無差別曲線と予算制約線が接する現在消費と未来消費の最適な交換比率を割引率＝利子率として表すことができる（図2-5）。

3　割引率の計測

割引率を測る

少しリラックスして、割引率をどうやって計測するのかという話をしよう。ここからは肩の力を抜いて、一緒に考えてもらいたい。いささか乱暴な方法なのだが、割引率を次のように求めることがよくある。

今すぐ100円もらうことと、1年後に＿＿＿＿円もらうこととの満足が等しくなるように、傍線部に金額を書きこみなさい。

たとえば、傍線部に１２０円と書きこんだとしよう。このとき、100円＝120円÷(1＋r)から、r＝0.2と計算し、割引率を20％とみなす。64ページで述べるように、この方法は経済学的な欠点があるのだが、今は触れない。もう少し複雑な問題を考えてみよう。

今すぐ１００円もらうことと来年から10年間続けて＿＿＿円もらうことの満足が等しくなるように、傍線部に金額を書きこみなさい。

たとえば、傍線部に20円と書きこんだとしよう。このとき、100円＝20円÷(1＋r)＋20円÷$(1+r)^2$＋…＋20円÷$(1+r)^{10}$から、r＝0.15と計算し、割引率を15％とみなす。このようなやり方で、割引率を計測した研究はたくさんある。

割引率を実際の消費者の購買活動から計測した事例をフィールド研究と呼ぶ。フィールド

研究の優れた点は、実際の経済データから割引率を計測しているので、リアリティに富むという点である。しかし、リアルであるが、精度の高いデータの入手が困難という欠点もある。精度の悪いデータから割引率を計測すれば、計測結果も精度の悪いものになるだろう。

さまざまなフィールド研究

フィールド研究の代表例は、家電製品の購入において、初期費用は安く済むが月々の運転費用は高くつく旧式の製品と、初期費用は高くつくが月々の運転費用は安く済む新式の製品とのトレードオフから計測された割引率である。エアコンディショナーに関して20％、ガスウォーターヒーターに関しては102%、冷蔵庫に関しては138%など、家電製品の種類や用いられる計算方法によってかなり計測結果に幅があることが知られている。

これらの幅がデータの精度の問題なのか、本当に割引率に幅があるのかを判別するのは難しい。エアコンディショナーの計算結果はジェリー・ハウスマンという有名な計量経済学者の研究なので、学問的な信頼性は高い。ハウスマンは興味深いことを指摘している。割引率は所得階層によって異なるというのである。富裕な家庭の場合8・9%、貧しい家庭の場合39%とされている。確かに、富裕な家庭の場合、初期費用にはそれほどこだわらず、新式のエアコンディショナーを買うので、割引率は低く出るだろう。

反対に貧しい家庭の場合、エアコンディショナーを買うにしても、手元の資金に余裕がないために、月々の運転費用が高くても旧式のエアコンディショナーを買うので、割引率は高く出るだろう。このように割引率は、家庭の経済状況など消費者属性を敏感に反映するものとなる。

第二のフィールド研究は、リスクの異なる職業と給料のトレードオフから割引率を推定するものである。一般に、危険な職業はなり手が少ないので給料を割り増さないといけない。この場合、寿命や健康と引き替えに借金するようなものであり、割引率は高く出る。反対に、安全安心な職業は皆がつきたがるので、給料で人をつる必要はない。この場合、割引率は低く出るだろう。

ミシガン大学の所得動態パネルデータを用いてアメリカの経済学者が計測したところ、割引率は11％であった。興味深いのは、割引率と教育水準とに相関関係が観察され、大学教育を受けた人の割引率は6％と低いのに対して、大学教育を受けていない人の割引率は15％と高かった。大学教育を受けていない人のほうが、危険な職業につきやすいということである。直感的にも妥当な結論といえるだろう。

しかしながら、この結果の因果性の解釈は案外難しい。大学教育を受けた人は職業選択の幅が大きいのに対して、大学教育を受けていない人には職業選択の幅が小さいだけかもしれない。大学教育を受けることが本人の自発的な選択であるならば、現在と未来のトレードオフを表す割引率を通じて、大学進学と職業選択の間で高い相関が見られるのも分かる。他方で、大学進学が本人の選択ではなく、所得水準や親の考え方のような家庭環境によって決まる場合、親の言いつけを守る忍耐力の強い人が大学に進学し、安全安心な職業を選んでいるだけなのかもしれない。

さまざまな実験研究

現実の経済データを用いたフィールド研究に対して、さまざまな要因をコントロールできるようにした実験研究というものもある。割引率の計測で卓越しているのは、一九八九年にイスラエルの大学で行われた実験である。この実験は、割引率を①受け取りを遅らせる、支払いを遅らせる、受け取りを早める、支払いを早めるという4つのシナリオ、②遅滞時間(受け取りを遅らせる期間)を0・5年、1年、2年、4年という4種類、③対象となる金額を40ドル、200ドル、1000ドル、5000ドルという4種類から調査したという。私の知る限り、割引率の測定では最も示唆に富む実験研究である。

割引率の組み合わせは4の3乗=64通り得られるのだが、計測結果の要点をまとめよう。

イスラエルの大学の割引率の計測結果

1年後に1000ドル受け取ることになっているとき、受け取りを早めて、今現在受け取る場合、いくらなら等価と感じるかといった質問から得られた割引率は約15%である。

年間15%という値はその当時の長期金利と同水準であり、まずまず妥当な結果と考えてよい。右の質問にいろいろなバリエーションを加えた場合、割引率はどのように変化するのだろうか。

バリエーション１：遅滞時間

遅滞時間を1年の代わりに、２年、４年とのばしてみたところ、どちらも割引率は10％と低くなった。反対に、０・５年と短くしてみたところ、割引率は20％と高くなった。察するに、遅滞時間が長いと割引率は下がる。

バリエーション２：受取金額

受取金額の１０００ドルの代わりに、５０００ドルと増やしてみたところ、わずかだが割引率は低くなった。反対に、40ドル、２００ドルと減らしてみたところ、いずれも20％以上と割引率は高くなった。察するに、受取金額が大きくなると割引率は下がる。

バリエーション３：シナリオ

今現在１０００ドル受け取る代わりに、１年後に受け取る場合、割引率は40％と跳ね上がった。支払いを遅らせる場合、割引率は10％に下がり、支払いを早める場合、割引率は20％に上がった。以上から分かることは、受け取りを先送りしたり、支払いを早めたりするときには、「そんなの凄《すご》く嫌だなぁ」という気持ちを補償するために、大き目のプレミアムをもらう必要がある。また、受け取りを早めたり、支払いを先送りしたりするときには、「そのほうが少し嬉《うれ》しいなぁ」という気持ちの反映として小さ目のプレミアムなら支払う用意がある。

以上の割引率の計測は後で説明する割引効用アノマリーを先取りしていて実に興味深い。理論の妥当性を実験によってテストできるという意味で、割引率の計測などの行動経済学の研究において、実験という研究ツールは非常に強力だといってもよい。

4 割引効用理論

割引率再考

さて、割引率をどのように測るかという話をしたが、ここでもう一度、割引率とはなんだろうかという話に戻りたい。現在の100円と1年後の120円が同じ満足を与える場合、割引率を20%とすることにどのような問題があるかを考えてみたい。

問題では、満足の均等を扱っているのに、100円＝120円÷(1＋r) という方程式は効用が金額によって異なるという経済学の原則を無視している。経済学では、100円から1円増えるときの限界効用は110円から1円増えるときの限界効用よりも大きく、110円から1円増えるときの限界効用は120円から1円増えるときの限界効用よりも大きいと考える。これを**限界効用逓減の法則**と呼ぶ。

実際には、1円の限界効用が数値として測定可能かどうかには異論があるが、消費Cの**効用関数**を $U(\mathrm{C})$ とすれば、限界効用は微分を使って $\frac{\mathrm{d}U(\mathrm{C})}{\mathrm{dC}}$ と表記することができる。限界効用が逓減するということは、限界効用をもう一度微分したもの（二階微分）がマイナスになるということだから、$\frac{\mathrm{d}^2U(\mathrm{C})}{\mathrm{dC}^2}<0$ と書くことができる。微分というと、高校時代の数学を思い出して、頭が痛くなる方もいるかもしれないが、あるものがわずかだけ変化するときに、それと関係するものがどれだけ変化するかということを表している。

図2－6　ポール・サミュエルソン（写真提供・読売新聞社）

フィッシャーの無差別曲線を次のような方程式として考えたのが、近代経済学を一種の応用数学分野として確立したことで有名な二十世紀アメリカの誇る最後の万能経済学者ポール・サミュエルソンである。現在消費をC_0、未来消費をC_1とおいたとき、割引効用（discounted utility）は次のように定義される。

サミュエルソンの割引効用理論

割引効用 $DU(C_0, C_1)$ は、現在消費の効用 $U(C_0)$ と未来消費の割引効用 $\frac{U(C_1)}{1+\rho}$ の和として定義され、未来消費の効用の割引率を特に時間選好率 ρ と呼ぶ。以上を数式でまとめれば、$DU(C_0, C_1)=U(C_0)+\frac{U(C_1)}{1+\rho}$ となる。

ここで、未来消費の効用 $U(C_1)$ の分母に割引率 r の代わりに見慣れないギリシャ文字 ρ（ロー）が挿入されていることにお気づきだろうか。これを**時間選好率**（time preference rate）と呼ぶ。割引率と時間選好率にはきわめて密接な関係があるのだが、同じものではない。これについてはすぐに説明するので、もう少しお待ちいただきたい。100円の効用は100円そのものではない。たとえば、効用関数を限界効用逓減型の関数である対数関数 log とおこう。そのとき、log(100)＝2、log(120)＝2.08 となる。現在の100円と1年後の120円が等価である場合、ρ＝2.08÷2－1＝0.04 なのである。つまり限界効用逓減型の効用関数 log を仮定したときには時間選好率は4％となる。

他方で、限界効用逓減型の効用関数を考えずに、単純に金額同士の比率から求めた割引率は20％である。両者の間には大きな開きがあることが分かるだろう。効用関数を考えない割引率の計測は常に過大なバイアス傾向があるので、気をつけなければならない。もちろん、経済学的に見て正しいのは割引効用理論のほうである。

経済学の教科書で時間上の選択問題を扱うときに基本となるのは、このサミュエルソンの割引効用理論である。未来消費の効用を扱うときは、時間選好率で現在効用に割り引く。実に明快であろう。

重要なことは、この割引効用理論はいまだ仮説にすぎず、本当に人間が時間上の選択をするときに、このとおりに頭のなかで計算しているかどうかは別の話であるということである。サミュエルソン自身、人間が実際に割引効用理論のように振る舞ったり、あるいは振る舞うべきだとはいっていないことを強調しておきたい。行動経済学では、割引効用理論の有用性を十分に認めながらも、それが必ずしもあてはまらないケース、いわゆる**割引効用アノマリー**をたくさん見つけている。

割引効用の隠れた仮定

割引効用には、いくつかの隠れた仮定がある。これらの仮定が成立しなければ、割引効用理論も成立しないことになる。

第一の仮定は、効用の独立性である。これは割引効用が時間選好率で割り引かれた効用の足し算として定義されることである。割引効用理論では、現在消費の効用と未来消費の効用が相互依存するようなことは考えない。これは、今日のハッピーな気分は昨日のアンハッピーな気分に影響を受けないという仮定である。

第二の仮定は、第一の仮定と密接に関係しているが、現在の効用は現在消費だけに依存し、未来の効用は未来消費だけに依存するという消費の独立性である。これは明日フランス料理を食べるか中華料理を食べるかの選択に、今日は中華料理を食べるということが影響しないという仮定である。

第三の仮定は、効用関数の定常性であり、効用関数は現在も未来も同じ性質を持っているということである。これは時間を通じて人間の選好が一定であり、効用関数の形状は変化しないことを表す。

第四の仮定は、割引効用理論で決定的に重要なのであるが、割引率が一定であるということである。今日の100円と明日の110円の満足に適用される時間選好率と1年後の100円と1年1日後の110円の満足に適用される時間選好率は不変という仮定である。

以上、4つの仮定がそれぞれどの程度妥当性を持っているかどうか、以下で詳しく検証する。

5　純粋な時間選好率

割引率と時間選好率

なぜ人間は未来の効用を割り引くのだろうか。割引率と時間選好率という2つの概念を持ちだしたが、両者の関係はどのようになっているのだろうか。我々の手元には、フィッシャーの無差別曲線とサミュエルソンの割引効用理論という優れたツールがあるので、こうした問いに答える準備はすっかりできあがったといえよう。

図2－5のフィッシャーの無差別曲線をもう一度思い出していただこう。消費者にとって現在消費と未来消費のトレードオフは無差別曲線の接線の傾きによって表される。その傾きは1＋rであり、均衡においてrは予算制約線の傾きである割引率でもあった。割引率rが正であれば、最適な未来消費は最適な現在消費よりも大きく、$C_1^*>C_0^*$となる。割引率rが大きくなればなるほど、未来消費を増やし、現在消費を減らす。これが時間選好の基本的な考え方である。

面白いのは、フィッシャーの無差別曲線の割引率が正（r＞0）だからといって、サミュエルソンの割引効用理論の時間選好率が正（ρ＞0）とは限らないことである。理屈は次のと

BOX 2 - 1　割引率が正になるケース

サミュエルソンの割引効用理論によれば、割引効用 $DU(C_0, C_1)$ は、現在消費の効用 $U(C_0)$ と未来消費の割引効用 $\frac{U(C_1)}{1+\rho}$ の和として、$DU(C_0, C_1)=U(C_0)+\frac{U(C_1)}{1+\rho}$ で表される。割引効用の無差別曲線を考え、接線の傾きを数式で表すと、$(1+\rho)\times\frac{dU(C_0)/dC_0}{dU(C_1)/dC_1}$ となる。

この意味するところは、割引効用の無差別曲線の接線の傾きは、時間選好率 ρ と現在消費の限界効用の未来消費の限界効用に対する比率 $\frac{dU(C_0)/dC_0}{dU(C_1)/dC_1}$ の積によって決まるということである。割引率 r が大きくなるのは、時間選好率 ρ が増えるか、現在消費 C_0*に対して未来消費 C_1*が増えるかのどちらかのパターンがある。

割引率が正になる場合として、2つの典型的なケースにまとめられる。

①時間選好率が正であるケース（$\rho>0$）

②未来消費が現在消費よりも大きいケース（$C_1^*>C_0^*$）

おりである。産業革命以来、資本主義は不況や恐慌を経験しながらも曲がりなりにもプラスの経済成長を遂げてきた。経済成長率が人口成長率を上回る限り、平均的な1人あたり国民所得も成長を続ける。このことを織りこめば、未来消費は現在消費よりも拡張できる。

ところで、人間心理には荒っぽい言い方をすると、消費が増えてもそれほどには効用は増えないという限界効用逓減の法則がある。もう少し厳密にいえば、経済学的には図2-5の無差別曲線が原点0に対して凸の形状をしていることを表す。つまり、左上から右下にかけて、無差別曲線の接線の傾きがゆるやかになる。無差別曲線は限界効用の比率で表されるから、現在消費の限界効用の未来消費の限界効用に対する比率が左上の未来消費が大きな領域（$C_1 > C_0$）では大きく、右下の現在消費が大きな領域（$C_1 < C_0$）では小さいからである。

割引率と時間選好率は必ずしも一致しない。経済成長が期待され、未来消費が増える社会では、割引率は時間選好率よりも大きい傾向がある。極端な場合、時間選好率が負であっても、未来消費の伸びが大きければ、割引率は正になるかもしれない。割引率が正になる代表的なケースをBOX2－1で解説している。

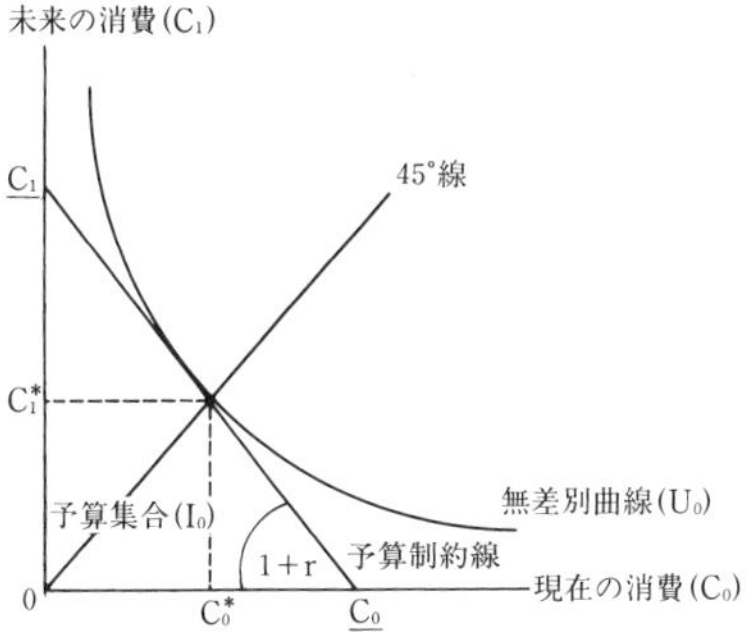

図2－7　割引率と時間選好率の均等

割引率と時間選好率が一致する（r＝ρ）のは、現在消費と未来消費が同じ場合（$C_1^* = C_0^*$）である。これをフィッシャーの無差別曲線を用いて表したのが図2－7である。原点0から右上に伸びている45度線は現在消費と未来消費の均等を表している。45度線上で無差別曲線と予算制約線が接しているところでは、割引率rと時間選好率ρが均等化する。裏返していえば、45度線以外では割引率と時間選好率は一致しないで、現在消費と未来消費の差が限界効用逓減を通じて影響する部分が残る。

そこで、割引率、時間選好率の差を近似的に表そう。未来消費の現在消費からの伸び率を経済成長率と考えれば、効用関数を対数関数 log で近似できる場合、時間選好率 ρ は割引率 r と経済成長率 g の差とみなせる。たとえば、割引率の代理変数である利子率が10％で経済成長率が5％の場合、時間選好率は5％となる。

反対に、利子率が5％で経済成長率が10％の場合、時間選好率はマイナス5％となる。通常、市場利子率は経済成長率を上回ると考えられるから、時間選好率は正となるが、もしも経済成長率が市場利子率を上回る場合、時間選好率は負となる。しかし、時間選好率は過去の経済学者も主張したとおり、心理的な要因によって説明されると考えられる。利子率と成長率の残差を時間選好率とみなすのは迂遠《うえん》な見方であろう。

進化的に見た時間選好率

時間選好率のもうひとつの興味深い説明が、人類学者アラン・ロジャースから提唱されている。それは、人間の生物進化の過程で安定的な時間選好率が遺伝的に埋めこまれたはずだという考え方である。

親が子孫の繁栄を通じて自分の遺伝子を残そうとする利他的な行動は、一種の未来に向けた投資のようなものであり、自らの生存確率を減じても血縁関係のある子孫の生存確率を高めるというのは、現在の効用と未来の効用とのトレードオフにほかならない。

このように考えると、進化論上中立的な時間選好率は、血縁度、人口成長率、世代間隔年の3要素で決定することができるという。ロジャースの公式によると、時間選好率は「人口成長率－(ln 血縁度)÷世代間隔年」(ln は自然対数。$\log_e$) なので、血縁度0・5、世代間隔年30年、人口成長率5％とした場合の時間選好率は7％となる。

時間選好率には、種としての人間に共通した部分（世代共通の時間選好率）と個人としての部分（個人固有の時間選好率）が存在すると思われる。ロジャースの公式はそのうち世代に共通した時間選好率を説明する公式として非常に説得性が高い。世代共通の時間選好率は遺伝子を共有する子孫の数に依存するので、時間選好率のかなりの部分が人口成長率に帰着するという傾向があるものの、優れた研究ではなかろうか。

6　割引効用アノマリー

可変的な時間選好率

フィッシャーの無差別曲線、サミュエルソンの割引効用理論を中心に、時間上の選択問題を経済学がどのように考えるのかを説明してきた。いずれも、簡単で使いやすいツールとして、経済学の発展に大きく貢献してきた。

ひとつ難を挙げるとすれば、本当に人間がこの理論どおり、時間上の選択をするのかは不問に付されてきたことである。この点に関して、経済学は大きなしっぺ返しを受けることになる。一九七〇年代以降、割引効用理論に反するような割引効用アノマリーがたくさん見つかったからである。

割引効用アノマリーに関して、先駆的な考察を行ったのが、ロバート・シュトロッツである。彼は一九五五年に発表した論文のなかで、人間の不忍耐を表す時間選好率は利得の実現まで待たなければならない遅滞時間の減少関数であることを指摘した。人間は現在の利得と未来の利得の間では非常に近視眼的な時間選好を見せるが、少し後になれば同じ時間間隔に対して忍耐強い時間選好を示すというのである。

その場合、経済学的に奇妙なことが起こる。ある視点から見れば長期的に大きな利得を選んだほうがよいと分かっていながら、別の視点から短期的に小さな利得を選んでしまう。いわばダブルバインデッド（二重拘束的）な決定不能問題に直面するのである。

オデュッセウスの工夫

この問題の具体的な考察は後で展開するとして、1つの有名な寓話《ぐうわ》を紹介しよう。ホメロスの作と伝えられている叙事詩『オデュッセイア』の主人公オデュッセウスはトロイア戦争で木馬の計を考えギリシャ勢を勝利に導いた英雄だが、トロイア勢に荷担した海神ポセイドンの恨みを買い、船上、地中海をさまようことを宿命付けられてしまった。

あるとき、彼の指揮する船は、抗《あらが》いがたい美声で船乗りたちを魅了し、船を難破へ導く半人半鳥の魔女セイレーンの島へ通りかかった。どうしてもセイレーンの歌声を聞きたいが、船を難破させるわけにはいかないオデュッセウスは巧妙な2つの工夫を講じた。1つは水夫たちの耳に栓を詰めこみ、セイレーンの歌声が聞こえないようにしたこと、もう1つはオデュッセウス自身の体をマストに縛り付け、セイレーンの歌声の虜《とりこ》になっても身動きができないようにしたことである。

作者のホメロスを誉《ほ》めるべきか。右の2つの戦略は、シュトロッツがダブルバインデッドな状況におかれたときに提案した処方箋《しょほうせん》を先取りしている。

1つ目は**プレコミットメント**（precommitment）と呼ばれ、未来に最適な計画から逸脱したくなるきっかけを今のうちに排除しておくことである。オデュッセウスは耳栓をして水夫がセイレーンの歌声を聞けないようにした。これがプレコミットメントにあたる。

2つ目は**整合的計画化**（consistent planning）である。未来に最適な選択から逸脱しようとしたときに逸脱できないように今のうちに工夫を凝らしておくことである。オデュッセウス

はセイレーンの歌声を聞いてしまったがゆえに心変わりしてしまったが、船を難破させないように先手を打っておいた。これが整合的計画化である。

7　遅滞時間アノマリー

割引効用理論の破綻

割引効用理論の前提条件の1つは、待ち時間の長さにかかわらず、時間選好率が一定というものであった。これはどういうことかというと、近未来の小さな利得と遠未来の大きな利得が無差別であるならば、両者に等しい遅滞時間を足し合わせたとしても、それらも無差別になるというものである。

BOX 2－2　割引効用理論の破綻

待ち時間がt、利得がxの組み合わせを$(t,\ x)$で表すことにしよう。待ち時間について$t<s$、利得について$x<y$、正の定数$c>0$として、割引効用理論が成り立てば、時間定常性も成立することは、

$$\frac{U(x)}{(1+\rho)^{t}}=\frac{U(y)}{(1+\rho)^{s}} \quad \rightarrow \quad \frac{U(x)}{(1+\rho)^{t+c}}=\frac{U(y)}{(1+\rho)^{s+c}}$$

から確認される。割引効用理論で表すとき、

$$\frac{U(x)}{(1+\rho_{t})^{t}}=\frac{U(y)}{(1+\rho_{s})^{s}} \quad \rightarrow \quad \frac{U(x)}{(1+\rho_{t+c})^{t+c}}<\frac{U(y)}{(1+\rho_{s+c})^{s+c}}$$

と遅滞時間別に異なる時間選好率ρ_{t}、ρ_{s}、ρ_{t+c}、ρ_{s+c}を考えよう。上のような関係は、たとえば$\rho_{t}-\rho_{t+c}>\rho_{s}-\rho_{s+c}$のように、同じ間隔$(c)$で遅滞時間をのばす場合、遅滞時間が長いほう$(t<s)$が時間選好率の減少が小さい場合に成り立つ。

割引効用理論を用いて選好の逆転を表せば、

$$\frac{U(x)}{(1+\rho_{t})^{t}}>\frac{U(y)}{(1+\rho_{s})^{s}} \quad \rightarrow \quad \frac{U(x)}{(1+\rho_{t+c})^{t+c}}<\frac{U(y)}{(1+\rho_{s+c})^{s+c}}$$

となる。これがシュトロッツの指摘したダブルバインデッド（二重拘束的）な決定不能性なのである。

たとえば、1年後の10万円と5年後の20万円が無差別であるならば、それぞれに5年を付け足して、6年後の10万円と10年後の20万円も無差別である。これを時間選好の定常性と呼ぶ。この時間選好の定常性がなければ、時間選好率が一定という割引効用理論は成立しなくなる。

しかし実際には、1年後の10万円と5年後の20万円が無差別でも、10年後の20万円のほうが6年後の10万円よりも選好される傾向がある。もう少し一般的に書けば、近未来の小さな利得と遠未来の大きな利得が無差別であるとしても、両者に等しい遅滞時間を足し合わせると、遠未来

の大きな利得のほうが近未来の小さな利得よりも望ましくなるというものである。時間定常性の議論はＢＯＸ２－２で詳しく論じている。

なぜこのようなことが起こるのだろうか。時間選好率が遅滞時間の減少関数だと考えれば、右のような割引効用理論の破綻《はたん》をうまく説明できる。現在の10万円と3年後の20万円が無差別であれば、現在の10万円のほうが4年後の20万円よりも望ましい。ところが、1年後の10万円と6年後の20万円が無差別であれば、5年後の20万円のほうが1年後の10万円よりも望ましい。以上の選好を整理すれば、

DU(現在, 10万円)＝*DU*(3年, 20万円)＞*DU*(4年, 20万円)

DU(1年, 10万円)＝*DU*(6年, 20万円)＜*DU*(5年, 20万円)

となる。*DU*(現在, 10万円)＞*DU*(4年, 20万円)にもかかわらず、両辺の遅滞時間をそれぞれ1年のばしたところ、*DU*(1年, 10万円)＜*DU*(5年, 20万円)となるわけだ。

このとき、定常性が破綻するのみならず、近未来の小さな利得のほうが遠未来の大きな利得よりも望ましいにもかかわらず、両者に等しい遅滞時間を足し合わせると、遠未来の大きな利得のほうが近未来の小さな利得よりも望ましいという選好の逆転が起きている。

現在性を重視する傾向

特に、選好の逆転は選択肢の1つに今すぐの選択を含む場合に起きやすい。これを**現在性効果**（immediacy effect）と呼ぶ。実際に時間選好率を計測してみると、時間選好率の逓減が激しいのは、現在の利得と未来の利得のトレードオフの場合なのであって、近未来の利得と遠未来の利得と未来の利得のトレードオフの場合には、時間選好率の逓減はほとんどなくなる。その意味で、遅滞時間アノマリーの相当な部分は現在性効果によって説明がつくものと考えられる。

いったいなぜ時間選好率は遅滞時間に伴って逓減するのだろうか。あるいは、なぜ現在の利得だけを特別に重視するのだろうか。これは不可逆性という時間論の本質にかかわってくるのではないだろうか。時間は戻らない。そのために、我々の大事な選択はやり直しがききにくい。お金を払って時間が取り戻せるなら、多少のリスクをこうむっても勇敢にハイリターンを求めて、ものごとに挑戦するだろう。しかし、どんなに金持ちでも時間ばかりは買うことができない。老いと死を避けられる人間は1人もいない。

身につまされるのは秦《しん》の始皇帝《しこうてい》である。始皇帝は不老不死を求めて、徐福《じょふく》たち方士《ほうし》を東方の仙人が住む蓬萊《ほうらい》国（日本？）へ派遣したと伝えられている。もちろん、徐福はトンズラして帰ってこなかった。さらに、始皇帝は水銀ともいわれる仙薬を飲んでかえって健康を害するようになったという説もある。このような一見愚かに見える不老不死願望と富貴を保ちたいという現在性重視には根底において共通するものがある。それはなにかといえば時間の不可逆性に対する怖れなのである。

8　双曲型割引

アノマリーを説明する工夫

割引効用理論では時間選好率を一定と仮定するが、実際には計測された時間選好率は遅滞時間に伴って逓減する傾向がある。このような遅滞時間アノマリーを説明するために、提案されたのが**双曲型割引**（hyperbolic discounting）である。双曲型割引効用理論は、時間選好率が遅滞時間に伴い逓減するという性質を表現するモデルの1つとして、心理学者のジョージ・エインズリー等によって提唱された。双曲型割引の名前の由来は、以下のように時間選好率の形が双曲型になっているからである。

双曲型割引効用理論

割引効用 $DU(C_0, C_1)$ は、現在消費の効用 $U(C_0)$ と未来消費の割引効用 $\frac{U(C_1)}{1+\alpha t}$ の和

として定義され、$DU(C_0,\ C_1) = U(C_0) + \dfrac{U(C_1)}{1+\alpha t}$となる。双曲型には、$1+\alpha t$のほか、$(1+t)^{\rho}$、$(1+\alpha t)^{\frac{\rho}{\alpha}}$などさまざまなバリエーションがある。

一定割引に対する双曲型割引の特徴を表すために、遅滞時間が0のときの効用を100として、遅滞時間を1年から10年としたときの割引現在価値を図2－8（$\rho=0.2$、$\alpha=0.3$）にまとめた。

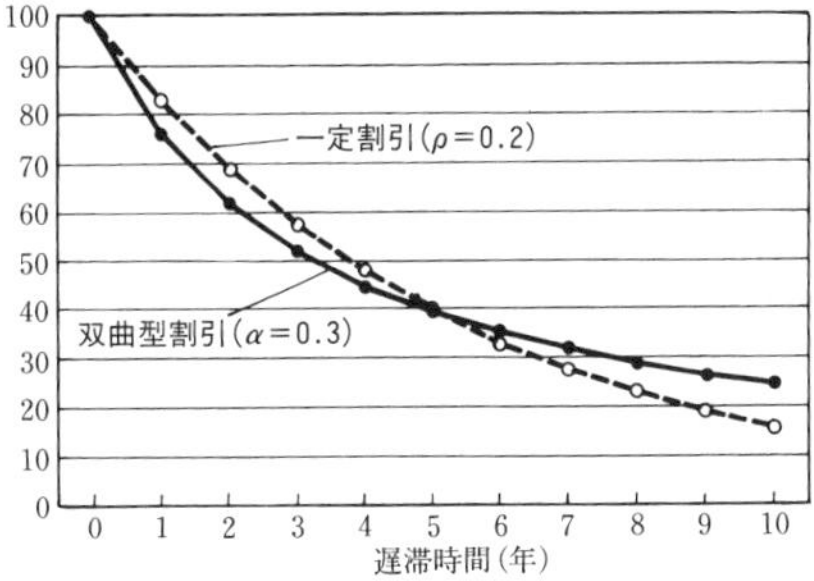

図2－8　一定割引対双曲型割引

一定割引と双曲型割引の違いを簡単に図示しよう。一定割引ではどんな遅滞時間についても同じ割合で現在価値が減少するのに対して、双曲型割引では遅滞時間が小さいときに大きく割り引くために、割引現在価値の低下が速い。しかし、遅滞時間が大きいときには小さく割り引くために、割引現在価値の低下は遅くなる。

その結果、遅滞時間0のときに現在価値が100で一緒だった2つの割引現在価値曲線は、遅滞時間が1年から4年にかけては一定割引現在価値が双曲型割引現在価値を上回り、遅滞時間5年で現在価値が40で並び、遅滞時間6年から10年にかけては双曲型割引現在価値が一定割引現在価値を上回るという割引現在価値曲線の交叉《こうさ》が観察される。

別の視点から双曲型割引を考えてみよう。図2－9のように、2つの選択肢がある。1つは近未来の小さな利得、たとえば効用を100、遅滞時間を3年としよう。オデュッセウスの寓話でいえば、魔女セイレーンの歌声を聞くが、難破し故郷に帰れなくなるような選択である。もう1つは遠未来の大きな利得、たとえば効用を500、遅滞時間を10年としよう。オデュッセウスにとって、無事に故郷に帰るような選択である。

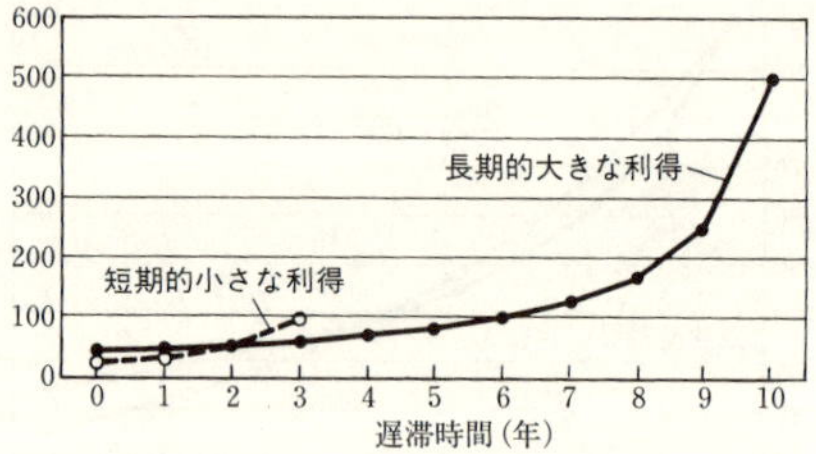

図2－9　双曲型割引による選好の逆転

双曲型割引（α＝1）を仮定すると、今から3年後、近未来の小さな効用と遠未来の大きな効用を比較すると、前者のほうが大きい。しかし、現在においては、後者のほうが大きい。したがって、遅滞時間によって望ましい選択が異なるという選好の逆転が起こっている。これを時間選択上の非整合性とも呼ぶ。双曲型割引なら、このような時間選択上の非整合性を説明できることが分かる。

BOX 2 - 3　ウェバー・フェヒナー法則による時間の知覚

物理的時間をt、心理的時間をTとして、心理的時間を物理的時間の対数関数 $T=\log(1+t)$ のように表すとしよう。このとき、単一割引関数は連続時間に関して指数関数 exp で表されることを利用して、

$$\exp[-\rho T]U(X)=\exp[-\rho\log(1+t)]U(X)$$
$$=\exp[\log(1+t)^{-\rho}]U(X)=\frac{U(X)}{(1+t)^{\rho}}$$

のように心理的時間の単一割引は物理的時間の双曲型割引に変換可能である。

単一割引と双曲型割引の関係を心理学的な見地から簡単に説明することができる。人間の刺激と知覚の関係は、対数関数 log で表すことができる。これをウェバー・フェヒナー法則と呼ぶ。待ち時間が4年、8年、16年と経過しても、心理的には2倍、3倍、4倍程度に感じられる。つまり、入力がn乗になっても、出力はn倍で表されるわけである。時間の知覚もこの法則に従うと考えると、詳細はBOX2 - 3に譲るが、心理的時間の単一割引は物理的時間の双曲型割引に変換可能なのである。

子供の頃には時間がとても長く感じたものが、大人になるにつれて短く感じるようになるとよくいわれる。本来、物理的時間を心理的時間に対数変換すべきところを、変換せずに割引率を計算すると、割引率は遅滞時間の減少関数のように見えてしまう。双曲型割引の正体はこんなところではないだろうか。

9　そのほかの割引効用アノマリー

さまざまなアノマリー

遅滞時間アノマリーのほかにも、いくつかの割引効用アノマリーが知られている。それらを紹介しよう。

1つ目は、**符号効果**と呼ばれるものである。利得は損失よりも大きく割り引かれる傾向があるというものだ。現在の1万円と1年後の2万円が無差別であるとしよう。他方で、現在の1万円の損失と1年後の1万5000円の損失が無差別である。このような選好を理解するには、利得には高い割引率が、損失には低い割引率が適用されると考えることだ。例では、利得の割引率は100%、損失の割引率は50%である。

2つ目は、**大きさ効果**と呼ばれるものである。小さな利得は大きな利得よりも大きく割り引かれる傾向がある。現在の1万円と1年後の2万円が無差別であるとしよう。他方で、現在の10万円と1年後の12万円が無差別である。このような選好を理解する1つのやり方は、小さな利得には高い割引率が、大きな利得には低い割引率が適用されると考えることだ。例では、小さな利得の割引率は100%、大きな利得の割引率は20%である。

3つ目は、**フレーミング効果**と呼ばれるものである。実質的には等しい質問も、質問形式が異なる場合、回答結果に影響を及ぼす。次のような例がある。

質問1　テレビを購入するとき、現在払いと6ヵ月後払いの組み合わせを考えよう。どちらが望ましい支払い方式か、選択せよ。
①現在16万円支払い、6ヵ月後に11万円支払う。
②現在12万円支払い、6ヵ月後に16万円支払う。

この質問に対する回答は①のほうが若干多い。

質問2　テレビを購入するとき、現在と6ヵ月後、2回に分けて、20万円ずつ支払う。しかし、特別キャンペーンにより、割引プランを利用することができる。どちらが望ましい支払い方式か、選択せよ。

①現在4万円割り引き、6ヵ月後に9万円割り引かれる。
②現在8万円割り引き、6ヵ月後に4万円割り引かれる。

この質問に対する回答は②のほうが圧倒的に多い。

質問1も質問2も、実質的内容は同じだが、その形式が異なるために、回答結果も異なる。そのほかにも現在の受け取りを遅らせるさいに要求するプレミアムのほうが、未来の受け取りを早めることで支払うプレミアムよりも大きいというアノマリーや、次第に利得が小さくなるパターンよりも大きくなるパターンのほうが望ましいという選好が知られている。

アノマリーの理由

こういったアノマリーはどのように説明され得るだろうか。1つの答えは、**参照点**(**reference point**)**モデル**と呼ばれるものである。実際に、人間は効用の水準で評価しているのではない。なにか判断の目安となる金額を想定し、それよりもどれくらい上回るか、どのくらい下回るのかで判断している。そのような参照点には、過去の消費水準、現状維持水準などがあてはまる。このようなモデルは、いずれのアノマリーもよく説明する。参照点をRとすれば、割引効用関数を消費と参照点の差C－Rの関数DU(C－R)と定義するのである。

たとえば、符号効果とは、参照点を0とおいて、利得と損失で関数型が異なり、損失の反応度のほうが利得の反応度よりも大きいことと考えることができる。同じ1万円でも、損失の限界効用のほうが利得の限界効用よりも大きいのである。また、大きさ効果において、1万円台の利得の差と10万円台の利得の差では、反応が異なる。利得の差が小さいときは近視眼的だが、利得の差が大きいと忍耐強くなるのである。

10　負の時間選好率

待つことの効用

割引率と時間選好率とは異なり、時間選好率は負となる可能性があることはすでに指摘した。時間選好率が負であるということは、今の1万円よりも、1年後の1万円のほうが望ましいということである。本当にそのようなことがあるのだろうか。

ジョージ・ローウェンシュタインたちによって考案された、次のような質問を考えてみよう。

質問1　次の選択肢のうち、どちらを選びますか。
①素敵なフランス料理店で夕食。
②さえないギリシャ料理店で夕食。

①が望ましいとしたもの86％、②が望ましいとしたもの14％。

質問2　質問1で①が望ましいと答えた人に質問します。どちらを選びますか。
①1ヵ月後に素敵なフランス料理店で夕食。

②2ヵ月後に素敵なフランス料理店で夕食。

①が望ましいとしたもの80%、②が望ましいとしたもの20%。

質問3　質問1で①が望ましいと答えた人に質問します。どちらを選びますか。
①1ヵ月後に素敵なフランス料理店で夕食、2ヵ月後にさえないギリシャ料理店で夕食。
②1ヵ月後にさえないギリシャ料理店で夕食、2ヵ月後に素敵なフランス料理店で夕食。

①が望ましいとしたもの43%、②が望ましいとしたもの57%。

質問1の回答から、「素敵な」フランス料理のほうを「さえない」ギリシャ料理よりも望ましいと考えていることが分かる。質問2の回答から、フランス料理を食べるならば、早く食べたいと考えていることも分かる。これは時間選好率が正であることを示唆している。にもかかわらず、質問3では、過半の回答者がより望ましい選択肢を後回しにして、望ましくない選択肢を前に持ってくるのである。これは時間選好率が負であることを示唆している。

負の時間選好率

このことを割引効用理論を用いて説明すると、

$$\frac{U(\text{フランス料理})}{1+\rho/12}+\frac{U(\text{ギリシャ料理})}{(1+\rho/12)^2}<\frac{U(\text{ギリシャ料理})}{1+\rho/12}+\frac{U(\text{フランス料理})}{(1+\rho/12)^2}$$

$$\Leftrightarrow$$

$$\frac{U(\text{フランス料理})-U(\text{ギリシャ料理})}{1+\rho/12}<\frac{U(\text{フランス料理})-U(\text{ギリシャ料理})}{(1+\rho/12)^2}$$

となり、以上から、$\rho < 0$が成立する（⇔は式の前後が同義であることを示す）。なにがおかしいのだろうか。恐らく、質問3に対する回答者はフランス料理の効用とギリシャ料理の効用をU(フランス料理)やU(ギリシャ料理)のように分けては考えていないのだろう。そのさい働く心理は、好きでないものを先に済ませ、好きなものを後にとっておこうという心理である。

負の時間選好率は、割引効用理論の消費の非独立性と結びついている。一つながりのイベントは、それ自体1つの効用関数として、U(フランス料理, ギリシャ料理）のように評価をするべきなのだ。しかしながら、そのためには単一の時間選好率で割り引くという非常に便利な考え方を捨てなければならず、その選択肢が選ばれたのは、全体として見ればその効用が高かったからだというだけでは分析にならない。今、割引効用理論は根本的な見直しを迫られているといえよう。

11　割引効用理論を越えて

習慣形成と消費の独立性

消費の非独立性は、さまざまな応用が可能である。現在の効用が、現在の消費のみならず、過去の消費にも依存してしまったらどうなるだろうか。これは一種の習慣形成と考えることができる。これは $U_1(C_0, C_1)$ と書くことができるが、もはや割引効用理論のように単純に効用を足すことはできなくなる。

習慣形成の分かりやすい例が、アディクション（嗜癖）である。つまり、消費すればするほど、消費量が増えるような中毒を習慣形成モデルから説明することができる。現在消費が大きいほど、未来消費の限界効用が大きいということは、偏微分の記号を用いれば、

$\frac{\partial^2 U_1(C_0, C_1)}{\partial C_0 \partial C_1} > 0$ と書ける。また、習慣形成を効用関数の性質として考えることもできるが、過去の消費が割引率を下げると考えて、$\frac{d\rho(C_0)}{dC_0} < 0$ のように内生的な時間選好率モデルを考えることもできよう。

次に、効用概念について考えてみよう。現在効用はまだ消費していない効用を割り引いて現在価値に引き戻す。厳密にいえば、これは「消費の効用」ではなくて、「消費の期待された効用」である。楽しみにしていたフランス料理店ががっかりさせる味であったり、期待していなかったギリシャ料理店が案外いけるのはよくあることではないか。要するに、期待された効用と実現した効用は異なるのだ。

似た話として、効用は本当に消費した瞬間だけに発生するものであろうか。内省してみると、そんなことはない。我々の効用は、消費し終わった後の余韻であったり、これから消費することのワクワク感にもある。祭りの後の寂しさは誰もが経験するところである。祭りが一番楽しいのは、祭りの当日ではなく、今か今かと胸ときめかせる数日前だったりする。

記憶と期待の効用

割引効用理論は、このような記憶の効用や期待の効用を明示的に考慮に入れていない。記憶の効用と期待の効用があるとすれば、記憶の効用の時間選好率、消費の効用の時間選好率、期待の効用の時間選好率をそれぞれ使って、すべての割引効用を集計しなければならない。現在の割引効用理論は、記憶の効用、期待の効用を考慮に入れずに、消費の効用の時間選好率だけを計測している。楽しかった記憶の効用やワクワクする期待の効用を落として、消費効用の時間選好率を計測すれば、消費の割引効用を過大に評価するので、時間選好率は過小バイアスを持つことになる。

ローウェンシュタインは、財ごとに時間選好率が異なり、正にもなれば負にもなり、その一因が期待の効用によるものだということを明らかにした。たとえば、好きな人とのデートの効用はどうなるだろうか。デートの効用は現時点から見て遅滞時間の増加関数になっていて、３日後をピークとして、遅滞時間の減少関数になる。これは最初はデートそのものの効用ではなくて、デートをあれやこれや思い浮かべてワクワクする効用が大きく、その期待の効用がピークに達するのが３日後だが、あまりにも先になるとワクワク感も薄れると解釈できるだろう。

嫌いな痛い注射はどうだろうか。注射の不効用は数日先のことならばあまり変わらない。嫌なものを数日のばして、頭の片隅に残しておくくらいなら、今すぐ済ませても効用は変わらない。ところが、もしも注射を１年以上先にのばせるならば、そのほうが効用は高くなる。遠い先までのばせるならば、嫌なことを考えずに済むのだろう。このように時間上の選択では、記憶や期待の効用が大きな意味を持つのである。

また、人間の心のなかには、いくつかの引き出しがあり、別々に整理されていると考えられる。たとえば、百円ショップではあまり深刻に悩まずにあれやこれや買い物カゴに入れていく。他方で、自動車ディーラーに行ったときは、カタログを前にあれやこれや心悩む。小さな買い物と大きな買い物とでは、我々は異なった基準で判断する。

別の例でいえば、我々が一生懸命働いて稼いだお金と思いがけずに入ってきたあぶく銭とでは、それを使うか貯《た》めるかの基準が異なる。働いて得たお金は貯蓄する傾向にあるのに対して、思いがけず入ってきたお金は浪費しがちである。同様に、他人に奢《おご》ってもらうのに比べ、自分の財布からお金を払うという行為には心の痛みが伴うようである。このような心のなかの別勘定を、有名な行動経済学者のリチャード・セーラーは**心理会計**（メンタルアカウンティング）と呼んだ。

時間割引理論の今後

さらに、時間上の選択では、我々は往々にして決定不能な状況に陥るとすでに74ページで説明した。現在の小さい効用を求める衝動的な我と未来の大きな効用を求める自制的な我が存在し、葛藤《かっとう》しているということであろうか。十九世紀のイギリスの小説家ロバート・スティーヴンソンの『ジキル博士とハイド氏』を思い出させるような話である。医学、法学の博士号を持つジキル博士は薬を飲むことによって、醜悪で残酷なハイドに変化するのだが、最後は絶望して果てるという話である。実際、ジキルとハイドは解離性同一性障害（いわゆる二重人格）の代名詞となっている。

一昔前まで、このような多重自我理論をまじめに信じる経済学者は、皆無ではないものの少なかった。近年、機能的核磁気共鳴画像（f－MRI）をはじめとする新しいニューロイメージング装置が開発され、脳の働きのマッピング（地図化）が可能になっている。脳科学と経済学の融合によって人間の行動を解明しようとする分野を**ニューロエコノミクス**と呼ぶ。詳しくは第６章で触れるが、慎重な行動と衝動的行動は脳の異なる部位が関係していることが判明するなど、脳機能の理解が少しずつ深まってきている。

たとえば、１人の人間のなかにも、慎重な行動と衝動的な行動が共存することが観察され、個人内葛藤と呼ばれている。人間の脳は長い進化論的な過程のなかで発達してきたわけであり、脳の異なる部位では、異なる行動原理が働いているとしても不思議ではない。最近の脳科学の知見では、脳のなかでは、複数の行動原理が統合されているわけではなく、むしろ相克が存在するようである。特に、そのなかでも、感情が人間行動に果たすべき役割の解明に期待が寄せられる。

第3章　不確実性下の選択

90%の確率で500万円当たるくじが100万円で売られているとしよう。くじの数学的な期待値は450万円であるから、100万円の値打ちは十分にある。しかし、多くの人は一《いち》か八《ばち》か賭《か》けなければならないような事情がない限り、このくじを買う勇気がなかなか出ないのではないか。

ところが、9%の確率で500万円当たるくじと10%の確率で100万円当たるくじのどちらかを選ばなければならないとしたら、ならば、ほとんどの人が前者を選ぶだろう。

こんな当たり前の心理も、経済学の世界では困ったことを引き起こしてしまう。本章では、行動経済学が描く人間の不確実性下の選択の摩訶不思議を解説しよう。

1　確率革命

パスカルの賭け

春にまいた種が芽を出しても、秋にどれだけの収穫をもたらすか分からない。それは、未来が不確実だからである。**不確実性**とは、これから起きる出来事が分からないことを表す。そこで登場するのが**確率**である。確率とは、ある出来事が起こる度合いのことをいう。たとえば、歪みのないサイコロを振るとき、1の目が出る確率は6分の1である。このことは、60回サイコロを振れば、1の目が10回出ることから確かめられる。なに出ない？ 60回では少なすぎたかもしれない。600回、6000回とサイコロを振れば、きっと1の目が出る相対的な頻度は6分の1に近づいていくはずである。

確率を考察した最初の人は、十七世紀の偉大なフランスの思想家ブレーズ・パスカルということになっている。なにせ彼の確率論は「パスカルの賭け」として、知られている。もっともパスカルのことは、「人間は考える葦《あし》である」とか「クレオパトラの鼻がもっと低かったならば、世界の顔は変わっていただろう」という名文句を残した人といったほうが、確率論の創始者であるとか、機械式計算機の発明者とかいうよりも、よく通じるに違いない。

さて、パスカルの賭けとは、現代風に言い換えると、次のようなものである。

パスカルの賭け

神の存在を信じ、信仰の生活を送るべきか否か。神は存在しないかもしれない。存在するかもしれない。あなたはどちらに賭けるべきだろうか。神が存在しなければ、あなたは有限の生命しか持たず、その享楽も有限である。しかし、神が存在すれば、そこから無限の生命、無限の至福を得ることであろう。前者の賭けの確率的期待値はたかだか有限だが、後者の賭けの確率的期待値は無限である。だから、パスカルは神の存在に賭ける。

図3－1　ブレーズ・パスカル

神が存在する確率がゼロでないことや、神が存在するときに得る至福が無限であることが、理由が明示されずに仮定されているような気もするが（結局、信仰の問題である）、39歳で夭折《ようせつ》した天才の『パンセ』を読むと、その格調の高さに気圧《けお》されるのも事実である。そして、「心情は、理性の知らない、それ自身の理性を持っている」というパスカルの言葉は行動経済学者にとって、なににも代えがたい名言である。

さまざまな確率論

ローレンツ・クリューガーたちが『確率革命』（梓出版社、一九九一年）のなかで論じているように、パスカルに始まる確率論が、近代科学に受け入れられるには、案外時間がかかった。それは、ニュートン力学的な決定論が支配的となり、統計的法則が科学的説明の基礎として認知されるようになるまでに紆余曲折《うよきょくせつ》があったからである。これは、第2章で論じたように、ニュートン的時間が物理学の世界で長らく王者として君臨し、それが揺らぐのが十九世紀の統計力学、二十世紀の量子力学の発展以後だったことと完全にパラレルである。

確率革命が科学の世界で市民権を得たのは、ジェームズ・マクスウェルらの手によって熱力学あるいは統計物理学が確立されたときである。ニールス・ボーアの率いるコペンハーゲン学派の確率論的解釈が量子力学の主流派になったとき、決定論に対する確率革命の勝利も確実なものになった。皮肉にも論争に敗れたのは、アインシュタインやシュレーディンガーのような量子力学の誕生に多大な貢献を残した、今でも人気のある科学者だった。

私は科学史家ではないが、1つだけ注意したいことがあるとすれば、確率論にもさまざまな立場があることだ。ざっと思い浮かべただけでも、4つの立場があり、明確に区別すべきであろう。

確率論の4つの立場

①古典的確率論（ベルヌーイ、ラプラスなど）確率はすべての可能なケース数に対して、ある事象に属するケース数の比率である。

②統計的頻度論（ミーゼス、ライヘンバッハなど）確率は無限繰り返し試行における相対度数の極限値である。

③論理的確率論（ケインズ、カルナップなど）一度限りの事象における確率とは、命題と命題の間の論理関係である。

④主観的確率論（ラムジー、ド・フィネッティ、サヴェッジ、ヴァルドなど）確率はベイズの定理などを用いて計測可能な確信の度合いである。

①②は主に繰り返し可能な事象を対象に考えているのに対して、③④は一度限りで繰り返しがきかないような事象も対象に含めて考えていることに特徴がある。また、①②④は確率を測定可能な概念としてみなし、アンドレイ・ニコラエヴィッチ・コルモゴロフが確立した

公理主義的確率論を基礎においている。

そのように考えると、一度限りの事象を対象に、確率を計測不能とした③の立場だけが特異であることが分かろう。ケインズ？　そう論理的確率論の創始者とは、あの経済学者のケインズなのである。ここらあたりからして、経済学と不確実性の間のややこしい関係は根が深そうである。

2　経済学と不確実性

ケインズ革命

ジョン・メイナード・ケインズを経済学者といってよいものかどうか分からない。ケインズが大恐慌時に有名な経済学の本を書き、ケインズ革命と呼ばれる旋風を巻き起こしたのは事実である。しかし、ケインズは経済学の学位は持たず、経済学の教授でもなかったし（ケインズはケンブリッジ大学のキングス・カレッジのバーサーと呼ばれる財務担当フェローだった）、なによりもケインズが人生を経済学に捧《ささ》げた時間は長くはなかった。

ケインズの出世作は『蓋然性《がいぜんせい》理論』と呼ばれる論理的確率に関する数学的考察であり、バートランド・ラッセルなどケンブリッジ大学の当代最高の知識人たちとの交流の成果でもある。ケインズを一言でいえば、すべてに卓越した才人であり、実践的な道徳科学者である。

ケインズの論理的確率論という壮大な構想は必ずしも成功しなかったといわれるものの、彼の若き日の信条は『一般理論』にもずいぶん反映しているはずだ。確率論的なリスクと先が読めない真の不確実性は根本的に異なり、不確実性のゆえに企業家が立ちすくみ、十分な投資活動を行えず、深刻な需要不足が生じたのが大恐慌である。近年、道徳科学者としてのケインズの再評価が進み、伊藤邦武『ケインズの哲学』（岩波書店、一九九九年）などが詳しい。

図３－２　ジョン・メイナード・ケインズ

ケインズ同様に、アメリカのシカゴ大学のフランク・ナイトも『危険・不確実性および利潤』のなかで、確率的に予測できるリスクと予測できない不確実性を峻別《しゅんべつ》した。今では後者はナイト流の不確実性と呼ばれる。しかし、ムーア、ラッセル、ラムジー、ホワイトヘッド、ヴィトゲンシュタインらと交わり、二十世紀前半の科学哲学プログラムとして論理的確率論を構想したケインズと、たかだか企業の利潤源泉論として着想されたナイトの不確実性理論は、当時の知的世界の頂点に立つケンブリッジ大学と、まだ学問後進国にすぎないアメリカの創設（一八九〇年）間もないシカゴ大学の格差を反映しているといえば意地悪だろうか。ナイトに対する私の点が辛《から》いのは、非分析的なナイト経済学への私個人の好き嫌いともいえよう。

その当時のシカゴ学派の雰囲気は、根井雅弘『市場主義のたそがれ』（中公新書、二〇〇九年）に詳しい。根井はむしろ積極的に戦前のシカゴ学派の多様性を評価する。もっともケンブリッジとシカゴの力関係は100年経《た》った今、完全に逆転し、シカゴ学派に属することがノーベル経済学賞に有利という俗説もまかり通っている。

早すぎた予言者

ケインズの次に経済学と（リスクではない）不確実性を語るうえで外せない人物がもう1人いる。ジョージ・シャックルという。知名度はほとんどゼロであろう。大学進学率の低かったイギリスではよくあることだが、シャックルは苦学しながら、社会人教育にも理解のあったロンドン・スクール・オブ・エコノミクス（LSE）で学んだ。シャックルの最初の先生は、オーストリアの亡命経済学者フリードリヒ・ハイエクである。

シャックルはケインズ革命直前の一九三五年に、ケンブリッジでケインズの若き研究協力者たちの発表を聞き、目の前が輝くような衝撃を受け、ハイエキアンからケインジアンに転向する。大恐慌の処方箋として、ハイエクの景気循環理論は無力であり、ケインズのマクロ経済学こそ必要だと悟ったのである。愛弟子《まなでし》シャックルの研究テーマ変更にハイエクは内心複雑だったろうが、表面的には寛容に振る舞った。

ハイエク研究の第一人者である江頭進は『F・A・ハイエクの研究』（日本経済評論社、一九九九年）で、ハイエクが一九四一年を最後に理論経済学研究から離れた背景には、優秀な若者が次々に自分から離れていったことがあると推測している。ハイエクは一九五〇年にイギリスを去り、アメリカのシカゴ大学でケインズ主義と対決することになる。

ただし、シャックルは学問的にはハイエクと袂《たもと》を分かつことになったが、貧しい苦学生だった自分を励ましてくれたハイエクを生涯変わることなく敬愛したようである。実際、シャックルの経済学は、ケンブリッジ・ケインジアンには見られないオーストリア学派的香りが多分に残っている。

図3－3　ジョージ・シャックル（*Uncertainty and expectations in economics*, C. F. Carter and J. L. Ford eds., 1972 より）

私は、シャックルがケインズと並んで、偉大な不確実性の経済学者だと思うし（『不確実性の時代』を書いて巨万の富を築いたガルブレイスを間違っても不確実性の経済学者と思ってはならない)、その先駆性はますます疑いないと思うが、ここでシャックル経済学を詳細に語るのは迂遠なので要約しておこう。

早すぎた予言者:シャックルの経済学

●ケインズ経済学のエッセンスは、不確実性下において、人間は合理的な期待を形成することができないので、あやふやな楽観が崩壊すると、企業は投資をためらい、それが有効需要の欠如を引き起こすということにある。

●投資活動は合理性を欠いた活動であり、次になにが起きそうかという当てずっぽうそれ自体が次に起きる事柄の起源となる。人間は歴史を理解しようと努めるが、それを破壊してしまう。

●意思決定は創造的な過程であり、事象のつながりに本質的に新しいもの、不確実性を導入する。将来の事象の確率が客観的であるならば、それは頻度であり、頻度は知識である。ある事象の知識と不確実性は両立しない。

●**客観的確率**は、リスクに適用できても真の不確実性には適用できない。なぜならば、真の不確実性において結果の諸仮説は互いに排他的であり、1つの仮説が事実だとすると、ほかの仮説を否定するから、確率分布による加重平均は意味がない。

●このように人生における重大な意思決定は自己破壊的であり、1つの行為を選択することが選択の構造条件の本質的部分を破壊してしまう。

このようなことをシャックルは彼なりの論法で理論化しようとした。私は、シャックルのいうことは基本的に正しいと思う。アインシュタインが「神はサイコロを振りたまわず」と語り、コペンハーゲン学派に最後まで与《くみ》しなかったことと、どことなくオーバーラップする部分もある。しかし、今の経済学は、シャックルの学問に対して完全に沈黙する。そこに、今の経済学の問題があるのかもしれない。行動経済学のような軽いものが流行となり、昔よりずいぶんと経済学も親しみやすくなったが、本当にこれでいいのだろうか。ときどき、行動経済学者である私自身、疑問に思う。

私的な話になるが、私が大学院生のときに1年間シャックルの著作集を（翻訳はないので原著で）読み通したことがあった。そのために、私の研究は遅れ、アメリカの流行とも距離をおいたために、自分自身の研究を国際的な舞台で発表するのもずいぶんと遅れた。その当時、反ケインズ主義の高まりのなかで、私は経済学という学問が社会改革の学問として一生を捧げる価値があるのかどうか悩んでいた。このときに、自分の好きなテーマを愚直なまでに追求しつづけたシャックルから学んだものは大きい。

3　ベルヌーイのパラドックス

ベルヌーイの先駆性

話が逸《そ》れたかもしれない。確率的な不確実性であるリスク下の選択を説明しよう。話は300年近く前、十八世紀前半のスイスにさかのぼる。

図3－4　ダニエル・ベルヌーイ

数学者を多数輩出したことで有名なベルヌーイ家のなかでも、父親から憎まれるほど才能に恵まれたダニエル・ベルヌーイは次のような問題を考えた。

サンクト・ペテルブルクの逆説

歪みのないコインをはじく。1回目に表が出れば2円、2回目も表なら4円、3回目なら8円、4回目なら16円というふうに、n回目に表が出たときに2^n円の賞金がもらえるとする。表が出つづける限り、ゲームを続け、より高い賞金に挑戦してもよい。ただし、裏が出れば今までの賞金はすべて没収される。さて、このゲームに、いくらまでな

BOX 3－1　ベルヌーイのパラドックス

ベルヌーイの賭けの数学的期待値をきちんと数式で書けば、

$$\frac{1}{2}\times 2+\frac{1}{2^2}\times 2^2+\frac{1}{2^3}\times 2^3+\cdots+\frac{1}{2^n}\times 2^n+\cdots$$

$$=1+1+1+\cdots+1+\cdots=\infty$$

となる。

他方で、ベルヌーイの賭けの期待効用をきちんと数式で書けば、

$$\frac{1}{2}\times\log 2+\frac{1}{2^2}\times\log 2^2+\frac{1}{2^3}\times\log 2^3+\cdots+\frac{1}{2^n}\times\log 2^n+\cdots$$

$$=\left(\frac{1}{2}+\frac{2}{2^2}+\frac{3}{2^3}+\cdots+\frac{n}{2^n}+\cdots\right)\log 2=2\log 2=\log 4$$

注：$\left(\frac{1}{2}+\frac{2}{2^2}+\frac{3}{2^3}+\cdots+\frac{n}{2^n}+\cdots\right)$ をXとおくと、

$X-\frac{1}{2}X=\frac{1}{2}+\frac{1}{2^2}+\frac{1}{2^3}+\cdots+\frac{1}{2^n}+\cdots=1$ から、X＝2となる。

となる。以上から、くじの期待効用は log4 となる。つまり、ベルヌーイのくじの期待効用は「確実な4円」の効用と等しいので、ベルヌーイのくじの確実性等価は4円となる。

ら支払ってもよいか。

あなたならこの賭けにいくらまで払うだろうか。10円、100円、それとも1000円？　答えをいうと、このゲームの数学的に期待される賞金の額（期待値）はなんと無限大となる。なぜならば、賞金の期待値は、1回目について1円（確率2分の1×2円）、2回目も1円（同4分の1×4円）、3回目も1円（同8分の1×8円）となり、ずっと1円を足しつづけることになるからだ。数式的展開はBOX3－1で詳しく論じている。

賞金の主観的効用

数式でそうなりますといわれても、はいそうですかと全財産を差し出す人はいないだろう。いったいなにがおかしいのだろうか。ベルヌーイはこの逆説を説明するために、賞金が大きくなるほど、1円あたりの満足が小さくなること（限界効用逓減の法則と呼ばれる）を仮説として提示した。財布にお金がないときに、道ばたで100円拾えば嬉しいが、財布に1万円札が何枚もあれば、100円には目もくれないだろう。

要点は賞金の額面の価値と主観的な効用が異なり、両者は比例しないということである。先ほどの問題でいえば、賞金がn乗になっても、効用はそれほど大きくならない。そこで、ベルヌーイは賞金が乗数倍（2のn乗）で大きくなっても、効用は比例的（n倍）にしか増えないと考えた。

たとえば、賞金が8倍（2の3乗）になっても効用は3倍というわけである。数学的にいえば、効用を対数関数 log で表せるとき、この問題の効用の期待値（期待効用と呼ばれる）は、消費者から見て4円になり、無限の価値を持たないことが分かる。数式的展開はやはりBOX3-1で詳しく論じている。

こうしたアイデアは、2つの意味で歴史的にも重要である。第一に、経済学で限界効用逓減の法則が定式化されるよりも100年以上前に、ベルヌーイは実質的に同じ結論に到達していた。

第二に、リスクと効用を効用の期待値として表現した。200年後にフォン・ノイマンとモルゲンシュテルンが発明する**期待効用理論**（expected utility theory）というアイデアの先取りとなったのである。

4　期待効用理論

ゲーム理論の静かな革命

確率的不確実性であるリスク下での意思決定理論を期待効用理論という。期待効用理論は、

図3－5　オスカー・モルゲンシュテルン（*Essays in mathematical economics in honor of Oskar Morgenstern*, 1967より）

図3－6　ジョン・フォン・ノイマン

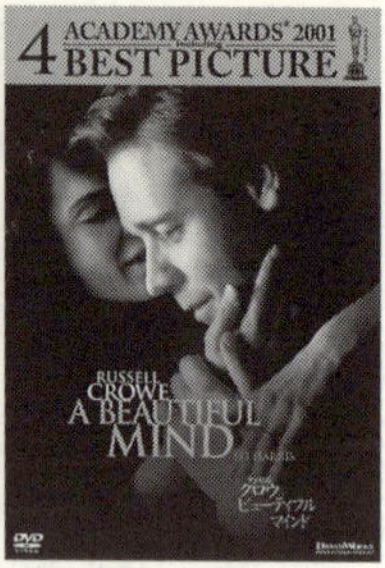

図3－7　映画『ビューティフル・マインド』(DVD発売：パラマウントジャパン，2625円，©2001 Universal Studios and DreamWorks LLC. All Rights Reserved.)

ゲーム理論の創始者であるオスカー・モルゲンシュテルンとジョン・フォン・ノイマンによって創始された。ゲーム理論では、リスクが存在する状況下で効用の期待値を最大化する理論が必要となった。その当時、効用理論は1番、2番という順序だけがつけばよいという序数的効用理論が支配的であり、効用関数を確率によって足し合わせるという効用水準の情報まで必要な基数的効用理論は数学的にまだ公理を使って証明されていなかった。ゲーム理論を体系化するために、必要な期待効用関数の公理体系まで一緒に数学的に証明してしまうところが、フォン・ノイマンの悪魔的な能力である。

複数のプレーヤーが戦略的に影響を及ぼし合う状況下で効用を最大にすることを競うゲーム理論そのものを説明する必要はないだろう。アカデミー賞受賞映画『ビューティフル・マインド』のモデルとして有名なジョン・ナッシュをはじめとして、近年の多くのノーベル経済学賞受賞者はゲーム理論の研究者か、ゲーム理論から派生した分野の研究者である。

日本はもともと優れた数理経済学者を輩出する伝統があったが、その伝統は一般均衡理論、経済成長理論を経て、現在はゲーム理論に人材が集まっている。東京大学教授の神取道宏がいう「ゲーム理論の静かな革命」は確かに広く浸透した。

さて、期待効用理論について説明しよう。コインを弾いて表か裏を見る。コインに歪みがなければ、表の出る確率は$\frac{1}{2}$、裏の確率も$\frac{1}{2}$となる。こうしたリスクと効用を総合したのが期待効用理論である。期待効用とは、効用の期待値のことである。たとえば、コインの表が出れば賞金100万円、裏が出ればなにももらえないようなくじを考える。効用関数をUで表すと、このくじの期待効用は、

$$\frac{1}{2}\times U(100\text{万円})+\frac{1}{2}\times U(0\text{円})$$

となる。期待効用基準とは、期待効用が大きなくじを選択せよというものである。

右のくじの数学的な期待値は$\frac{1}{2}\times 100\text{万円}=50\text{万円}$である。皆さんは50万円を払って、このくじを買うだろうか。恐らく買わないだろう。つまり、確実な50万円の効用のほうが、確率$\frac{1}{2}$で100万円の期待効用よりも大きいのである。

このような選択をどのように説明すればよいであろうか。1円あたりの限界効用は、金額が大きくなればなるほど小さくなる。限界効用逓減の法則である。したがって、100万円の効用は50万円の効用の2倍よりも小さいので、少し表現を変えて、

$$\frac{1}{2} \times U(100万円) < U(50万円)$$

と表される。このように、限界効用逓減とリスク回避的態度は同じことなのである。限界効用逓減の度合いが強まれば、リスクを嫌う度合いも強まる。

リスクプレミアム

図3－8を用いて説明しよう。右のくじを買ってもよいと思う金額が30万円だとしよう。確率$\frac{1}{2}$で賞金100万円というくじの値段が確実な30万円なので、30万円を**確実性等価**（**certainty equivalent**）と呼ぶ。このくじの期待値がもともと50万円であったことを考えると、くじの期待値と確実性等価の差額は20万円である。この20万円を**リスクプレミアム**（**risk premium**）と呼ぶ。リスクを嫌う度合いが強まれば、リスクプレミアムも大きくなる。

限界効用逓減の法則とリスクを回避する態度が同値であると述べたが、裏返してみれば、

限界効用が逓増する場合も、リスクを好む態度と同値である。興味深いのは、同一の人間が、一方で少額のギャンブルをしながら、他方で高額の保険に加入することである。自由主義経済学者として有名なミルトン・フリードマンは、こうした一見矛盾した行動を、金額の小さい領域では限界効用逓増（危険愛好的）、金額の大きい領域では限界効用逓減（危険回避的）として説明した。

期待効用理論の要点をまとめておこう。

期待効用理論

客観的確率pで金額X、確率$1-p$で金額Yのくじを（X, p; Y, $1-p$）とおこう。その期待効用は効用の確率による数学的期待値EU(X, p; Y, $1-p$)＝pU(X)＋(1－p)U(Y)と書くことができる。EU(X, p; Y, $1-p$)＝U(Z)となる金額Zを確実性等価と呼び、くじの数学的期待値pX＋(1－p)Yと確実性等価Zの差額をリスクプレミアムと呼ぶ。

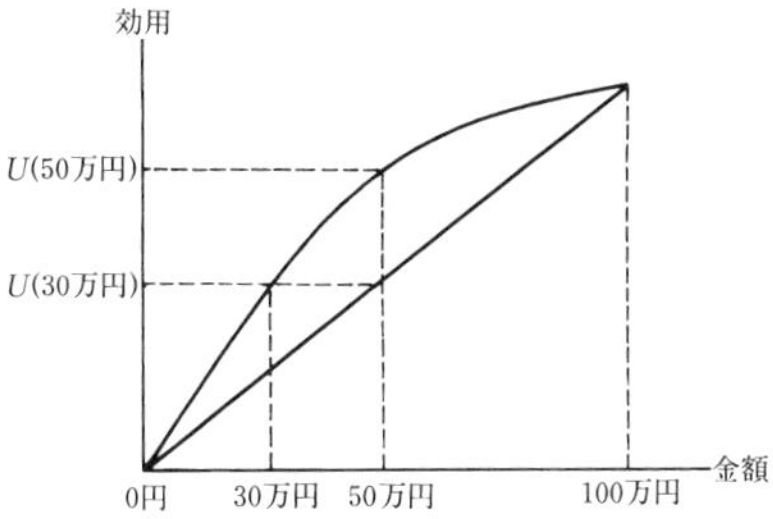

図3－8　期待効用理論

5 期待効用アノマリー

序数的効用と基数的効用

さきほど、期待効用理論は、基数的効用関数であると述べた。序数的な効用関数とは、効用を、水準までは測定不可能ではあるが、比較による順序付けは可能であると考える。たとえば、$U(X) > U(Y)$ ならばXのほうがYよりも好まれるが、$U(X)$ のほうが $U(Y)$ よりもどれだけ好まれるかということまでは分からない。これに対して基数的な効用関数では、効用の水準も測定可能であり、効用水準の情報にも経済的な意味があると考える。

ただし、期待効用理論において $U(X)$ と $U(Y)$ を確率で加重平均できるのは、独立性公理(後述)に起因する効用の基数性のおかげなのである。基数的尺度は身近なところに例がある。温度には日本で使われる摂氏(℃)と欧米で使われる華氏(℉)があるが、両者は基数的な関係があり、℉＝℃×1.8＋32という一次式を使えば変換可能である。

経済学の歴史をひもとけば、十九世紀の後半に近代経済学が誕生したときは、効用を測定可能と考える基数的立場が主流だった。二十世紀前半にイギリスのライオネル・ロビンズから効用の可測性や個人間比較に対して批判が出され、無差別曲線のような現代ミクロ経済学はより情報の少ない序数的効用関数で構築されている。

話はややこしいが、ゲーム理論では序数的効用関数だけでは、ゲームの均衡の存在を証明できない。そこで、もう一度、ノイマンたちは基数的効用を復活させる必要があった。現代ミクロ経済学では、ゲーム理論以前の伝統的部分は序数的効用関数を説明し、ゲーム理論以後の新しい部分は基数的効用関数を説明するという、いささか見苦しい分裂状況が続いている。

序数的効用関数を証明するには、必ず二者択一に答えがあるとか、選択が循環論法にならないなど弱い合理性条件しか要求しない。他方で、基数的効用関数を証明するには、序数的合理性に加えて、**独立性公理**（independence axiom）という強い合理性条件を加える必要がある。

独立性公理の破綻

基数的効用である期待効用関数の現実妥当性をめぐっては、もっぱら独立性公理を人間が満たすかどうかが争点となった。

独立性公理を説明する前に、トヴァスキーとカーネマンが考案した２つの二者択一問題を考えていただくのが一番よいと思う。

二者択一問題1

選択肢A　45％の確率で6000円当たり、55％の確率でなにももらえない（6000円，0.45；0円，0.55）

選択肢B　90％の確率で3000円当たり、10％の確率でなにももらえない（3000円，0.9；0円，0.1）

回答者の14％がAを、86％がBを選択した。

二者択一問題2

選択肢C　0・1％の確率で6000円当たり、99・9％の確率でなにももらえない（6000円，0.001；0円，0.999）

選択肢D　0・2％の確率で3000円当たり、99・8％の確率でなにももらえない

（3000円，0.002；0円，0.998）

回答者の73％がCを、27％がDを選択した。

皆さんはAとB、CとDのどちらを選ばれるだろうか。賞金6000円と3000円の選択という点で問題1と問題2は同じであるが、両者の間では当たりの確率が異なる。ただし、当たりの確率の比率を見ると問題1と問題2とでは0.45÷0.9＝0.001÷0.002＝0.5と一定である。問題1では賞金が減っても当たりの確率0・9の選択肢Bが選好されるが、問題2ではもともと当たりの確率が非常に小さいので、それならば賞金の高い選択肢Cを選ぶというわけだ。心情的によく理解できるのではないか。

しかし、このような選択は期待効用関数の証明に必要な独立性公理に反するのである。独立性公理とは、確率で表されたくじを別の第三のくじでミックスしても、選好は変わらないということを表す。

たとえば、先の問題1を次のように形を変えてみよう。

二者択一問題

選択肢E　450本に1本、45％の確率で6000円当たり、55％の確率でなにももらえないくじを引くことができるが、残りの449本はなにももらえない［(6000円, 0.45；0円, 0.55), $\frac{1}{450}$；0円, $\frac{449}{450}$］

選択肢F　450本に1本、90％の確率で3000円当たり、10％の確率でなにももらえないくじを引くことができるが、残りの449本はなにももらえない［(3000円, 0.9；0円, 0.1), $\frac{1}{450}$；0円, $\frac{449}{450}$］

選択肢Eはくじのなかに選択肢Aを確率$\frac{1}{450}$でまるまる含み、同様に選択肢Fも選択肢Bを確率$\frac{1}{450}$で含む。ここでいう共通の第三の無関係なくじとは(0円, $\frac{449}{450}$)であり、選択肢Eを展開すれば選択肢Cと、選択肢Fを展開すれば選択肢Dと実質的に同等なくじになるはずだ。したがって、問題1で選択肢Bを選びながら、問題2で選択肢Cを選ぶのは一貫性がない。独立性公理の定義はBOX3-2で詳しく論じる。

そんなことをいっても、自分の正直な好みを数学的一貫性のために曲げる馬鹿もいないだ

BOX 3－2　独立性公理の定義

独立性公理の要点は本文で述べたことで尽きているので、それほど身構える必要もない。くじXとくじYを比べて、くじXのほうがくじYよりも望ましいならば、無関係な第三のくじWやZの確率 $1-p$ によるミックスによって、選好の逆転は起こらないというものである。数式で表せば、

$$(X, p; Z, 1-p) > (Y, p; Z, 1-p) \Leftrightarrow (X, p; W, 1-p) > (Y, p; W, 1-p)$$

となる。

ろう。背の高い人がベッドの長さに応じて、自分の足を切り落とすようなものだ。このような期待効用関数の証明に必要な合理性を人間が満たさないことを**期待効用アノマリー**と呼ぶ。

アレの反例

独立性公理の破綻を最初に指摘した人はフランス人ノーベル賞経済学者モーリス・アレであり、彼の独立性公理の破綻例は「**アレの反例**」と呼ばれる。だが、卓越した理論経済学者アレのノーベル賞受賞理由はアレの反例とはまったく関係がないし、ノーベル経済学賞をもらうような大学者は啓蒙書の1冊か2冊も書き、その論文集も日本語に翻訳されているものだ（スティグリッツやクルーグマンを想起せよ）。

恥ずかしながら私もアレの論文を「アレの反例」論文しか読んだことがなく、しかも一九五三年に *Econometrica*

図3－9　モーリス・アレ
（*Pour la réforme de la fiscalité*, M. Allais, 1990より）

という権威ある学術雑誌で出版された原論文はフランス語なので、私が読んだのはずいぶん後になって英語に翻訳されたものであった。アレ自身の人生を捧げた本業における貢献は忘れられ、「アレの反例」だけが一人歩きしている状況をアレ本人はどのように感じているのだろう。

　アレの反例とは次のようなものである。

基本問題

二者択一問題1

選択肢A　100％の確率で500ドルもらえる（500ドル, 1）

選択肢B　10％の確率で2500ドルもらえ、1％の確率でなにももらえず、89％の確率で500ドルもらえる（2500ドル, 0.1；0ドル, 0.01；500ドル, 0.89）

このとき、多くの人が選択肢Ａを選ぶ。確実に５００ドルもらえるならば、わずかでも賞金をもらえないリスクを負ってまで、２５００ドルに挑戦しようとは思わないからである。

二者択一問題2

選択肢Ｃ　11％の確率で５００ドルもらえ、89％の確率でなにももらえない（500ドル，0.11；0ドル，0.89）

選択肢Ｄ　10％の確率で２５００ドルもらえ、90％の確率でなにももらえない（2500ドル，0.1；0ドル，0.9）

このとき、多くの人が選択肢Ｄを選ぶ。ほとんどの確率で賞金がもらえないなら、確率は低くても、2500ドルに賭けようとするからである。

問題1では、選択肢Aを（500ドル, 0.1；500ドル, 0.01；500ドル, 0.89）、選択肢Bを（2500ドル, 0.1；0ドル, 0.01；500ドル, 0.89）と考えることができる。問題2では、選択肢Cを（500ドル, 0.1；500ドル, 0.01；0ドル, 0.89）、選択肢Dを（2500ドル, 0.1；0ドル, 0.01；0ドル, 0.89）と考えることができる。

要するに、問題1と問題2の差は、下線部分の第三の無関係な選択肢の賞金が500ドルか0ドルの違いに帰着する。このように、異なる第三の無関係なくじをミックスすることにより、選好が逆転してしまうのである。

6　主観的確率アノマリー

エルスバーグの反例

我々はリスクを確率で表す。1年のうち、約110日雨が降れば、雨の降る確率は30％である。面白いのは、今日の天気という繰り返しのきかない出来事にも、確率を用いることだ。

今日の降水確率が30％というのは厳密な客観的確率ではないが、主観的な評価という意味で**主観的確率**と呼ぶことができよう。

さて、確率というからには、主観的確率にも**加法性**（additivity）という性質が必要である。その内容は、今日雨が降る確率（30％）と雨が降らない確率（70％）の和は、今日雨が降るか降らないかどちらかの確率（100％）に等しいということである。もう少しきちんと定式化すれば、互いに独立な事象AとBの確率を$P(A)$と$P(B)$とし、事象AまたはBが起こることとA∪Bの確率を$P(A \cup B)$とすれば、確率の加法性とは、$P(A)+P(B)=P(A \cup B)$が成立することである。

図3－10　ダニエル・エルスバーグ（©Ap Images）

のちにアメリカの国防省から機密漏洩《ろうえい》容疑で訴えられるという数奇な人生を送ることになった若き日のダニエル・エルスバーグは、曖昧さ（ambiguity）が存在するもとでは、主観的確率の加法性が成り立たないことを鮮やかに示した。星条旗は永遠かもしれないが、エルスバーグの反例もなかなか息が長い。

次のような問題を考えよう。

壺1と壺2という2つの壺があり、それぞれのなかに赤玉と黒玉が合計100個入っている。壺1は赤玉と黒玉が等確率（50%）であることが分かっているが、壺2は赤玉と黒玉の確率分布が分かっていない。回答者はまず壺1と壺2のどちらかの壺を指定し、次に赤と黒の色を指定したうえで、玉を1つ取り出すように求められる。もしも指定した色と玉の色が一致すれば賞金がもらえるが、一致しなければ賞金はもらえない。

壺2では、赤玉と黒玉の確率分布に関してまったく情報がないのだから、赤玉と黒玉両者の蓋然性を等しいとみなすことができるはずだ（これを論拠不十分の原理と呼ぶ）。この原理が妥当するならば、選ぶ壺は無差別になるはずである。

実際には、多くの人が壺1を壺2よりも好む。壺1でも、壺2でも、赤玉と黒玉の蓋然性は等しい。しかし、人々は壺1の赤玉のほうが壺2の赤玉よりも、壺1の黒玉のほうが壺2の黒玉よりももっともらしいと考えるからこそ、多くの人が壺1のほうを選択するのである。

BOX 3 - 3　確率の加法性の破綻

確率の加法性をもう少しきちんと定式化すれば、壺1の赤玉をR1、黒玉をB1、壺2の赤玉をR2、黒玉をB2として、壺1でも、壺2でも、赤玉と黒玉の蓋然性は等しいので、$P(R1)=P(B1)$、$P(R2)=P(B2)$。

ただし、壺1の赤玉と黒玉の確率は0.5なので、$P(R1)=P(B1)=0.5$。壺1の赤玉のほうが壺2の赤玉よりも、壺1の黒玉のほうが壺2の黒玉よりももっともらしいので、$P(R1)>P(R2)$、$P(B1)>P(B2)$。壺1でも、壺2でも、赤玉または黒玉が出る確率は100%なので、$P(R1 \cup B1)=P(R2 \cup B2)=1$と書くことができる。

このとき、壺1に関しては、

$$P(R1)+P(B1)=P(R1 \cup B1)$$

という加法性が成り立っているのに対して、壺2に関しては、

$$P(R2)+P(B2)<P(R2 \cup B2)$$

となり、主観的確率の加法性が破綻している。2つの事象の確率を足しても1にならないので、特にこのような性質を劣加法性と呼ぶこともある。

確率の加法性の破綻

このエルスバーグの反例は、主観的確率の加法性が成り立っていないことを意味する。壺2の赤玉と黒玉の各確率は50％以下と判断されているのに、壺2の赤玉または黒玉が出る確率は100％である。したがって、壺2の赤玉と黒玉のそれぞれの確率の和は、赤玉または黒玉が出る確率よりも小さいことになる。確率の加法性の破綻はBOX3－3で詳しく論じる。

加法性が破綻しているのに、

主観的確率と呼びつづけることには異論もある。これを主観的確率アノマリーと呼ぼう。このように、人間は曖昧さを嫌う傾向があり、蓋然性の客観的根拠を重視する。確率を判断する根拠のある場合をリスク、確率を判断する根拠が存在しない場合を真の不確実性と呼び分ければ、両者は異なるものである。

7　期待効用理論の一般化

ダウン寸前の期待効用理論

このように、期待効用理論は期待効用アノマリーと主観的確率アノマリーのダブルパンチを受け、もはやフラフラであり、ダウン寸前である。こうしたなか、独立性公理を改良したり、主観的確率を工夫したりして、期待効用理論をアノマリーから救い、もっと現実妥当性を増そうという運動が起きるのは当然である。そうした流れを期待効用理論の一般化とか、期待効用理論の批判的検討という。期待効用の一般化はBOX3－4で詳しく論じる。

3つの一般化の流れ

第一の一般化は、柔軟な主観的確率を考え、その形状によって、期待効用アノマリーを説

BOX 3－4　期待効用の一般化

期待効用理論の基本形は $EU(\mathrm{X}, p; \mathrm{Y}, 1-p)=pU(\mathrm{X})+(1-p)U(\mathrm{Y})$ である。この基本形をどのように一般化すれば、期待効用アノマリーや主観的確率アノマリーを説明できるようになるだろうか。

第一の一般化では、主観的確率期待効用を、

G1——$EU(\mathrm{X}, p;\ \mathrm{Y}, 1-p)=\mathrm{S}(p)U(\mathrm{X})+\mathrm{S}(1-p)U(\mathrm{Y})$

$\mathrm{S}(p)<p,\ \mathrm{S}(1-p)<1-p$　……　主観的確率の過小評価

$\mathrm{S}(p)+\mathrm{S}(1-p)<1$　……　主観的確率の劣加法性

とおく。

第二の一般化では、順序型期待効用を、

G2——$EU(\mathrm{X}, p;\ \mathrm{Y}, 1-p)=\mathrm{S}(\mathrm{X}, p)U(\mathrm{X})+\mathrm{S}(\mathrm{Y}, 1-p)U(\mathrm{Y})$

$\mathrm{X}>\mathrm{Y}$

$\mathrm{S}(\mathrm{X}, p)<p,\quad \mathrm{S}(\mathrm{Y}, 1-p)>1-p$　……　順序型主観的確率

$\mathrm{S}(\mathrm{X}, p)+\mathrm{S}(\mathrm{Y}, 1-p)<1$　……　順序型主観的確率の劣加法性

とおく。

第三の一般化では、落胆型期待効用を、

G3——$EU(\mathrm{X}, p;\ \mathrm{Y}, 1-p)=p[U(\mathrm{X})+D(\mathrm{X})]+(1-p)[U(\mathrm{Y})+D(\mathrm{Y})]$

$\mathrm{X}>\mathrm{Y}$

$D(\mathrm{X})>0,\quad D(\mathrm{Y})<0$　……　喜びと落胆効果

$D(\mathrm{X})+D(\mathrm{Y})<0$　……　落胆効果の優越

とおく。

明するというものである。たとえば、アレの反例で示唆されることは、１００％確実に賞金をもらえるくじは重視されるのに、90％の確率で賞金をもらえるようなくじは過小に評価されるということである。つまり、主観的確率は実際の客観的確率よりも小さいのではないだろうか。

客観的確率 p の主観的確率を $S(p)$ とおく。特に、p が大きな数値、たとえば０・５以上で $S(p)$ の過小評価が大きいと考えてみよう。アレの反例で、問題1でAが選ばれるのは $S(1)=1$ なのに、$S(0.89)<0.89$ であり、主観的確率 $S(0.89)$ が元の確率０・８９よりも小さく感じられるからである。問題2でDが選ばれるのは $S(0.1)\approx S(0.11)\approx 0.11$（「$\approx$」は式の左辺と右辺がほとんど同じことを表す）として、主観的確率 $S(0.1)$ と $S(0.11)$ の間に大差がないなら、賞金の大きいほうが選ばれるからである。

第二の一般化は、主観的確率期待効用のさらなる一般化を考えた、順序型期待効用である。第一の主観的確率期待効用でも、かなりアレの反例を説明できそうであるが、どのような事象の主観的確率が過小であり、あるいは過小でないのか曖昧なところがあった。

第二の一般化では、Xを大きい利得、Yを小さい利得として、大きい利得の主観的確率 $S(X, p)$ は元の確率よりも過小に、小さい利得の主観的確率 $S(Y, 1-p)$ は過大に評価されるが、全体としては主観的確率 $S(X, p)+S(Y, 1-p)$ が劣加法的になるというものである。

主観的確率の関数のなかに賞金の情報が入っている点で、主観的期待効用関数の一般化になっている。

アレの反例でいえば、問題1の選択肢Bを考えると、一番大きな賞金2500ドルの確率は0・1、次の賞金500ドルの確率は0・89、一番小さな賞金0ドルの確率は0・01となっている。なぜ選択肢Bが嫌われるかというと、賞金0ドルの主観的確率S(0ドル, 0.01)が0・01よりも高く、賞金が500ドル以上もらえる主観的確率S(2500ドル, 0.1; 500ドル, 0.89)が0・99よりも小さく、賞金が2500ドルもらえる主観的確率S(2500ドル, 0.1)も0・1よりは小さいからだ。この理論では、賞金の望ましさが主観的確率の評価に影響を与えている。

第三の一般化は、第二の一般化と反対の方向の拡張であり、効用関数の側に賞金の望ましさの順序の情報を加えるというものである。アレの反例の問題1を考えると、選択肢Aは確実に500ドルもらえるわけだから、選択肢Bを選んで500ドルもらってもちっとも嬉しくはないだろう。他方で、運良く2500ドルもらえたらどうだろうか。それなりに嬉しいだろう。これをU(2500ドル)$+D$(2500ドル)とおこう。D(2500ドル)>0は運良く大きな賞金が当たったときの喜びを表す。

万が一、運悪く賞金がもらえずに、0ドルになったらどうであろうか。非常に落胆するだろう。これを、U(0ドル)+D(0ドル)とおく。D(0ドル)<0は運悪く賞金がもらえなかったときの落胆を表す。落胆型期待効用理論では、落胆のほうが喜びよりも大きいと考え、D(2500ドル)+D(0ドル)<0とする。このとき、人々は、落胆を避け、確実な500ドルを選ぶ。効用関数に賞金の望ましさという情報が加わっている点で、期待効用関数の一般化になっている。

8　プロスペクト理論

一般化のさらなる一般化

ここまで、主観的確率期待効用、順序型期待効用、落胆型期待効用という3つの期待効用理論の一般化を説明してきた。そのほかにも多数のより洗練された一般化された期待効用も提案されている。それらのなかでも、最も分かりやすく、魅力的であり、しかも3つの一般化期待効用のさらなる一般化になっているのが、トヴァスキーとカーネマンが一九七九年に提唱した**プロスペクト理論**(prospect theory)である。プロスペクト理論こそ、行動経済学の勝利を記念するモニュメントとなった。

プロスペクト理論については、すでに十分な解説が存在するが、ここではプロスペクト理

BOX 3－5　プロスペクト理論

プロスペクト理論では、利得の参照点をRとして、

G4——$EU(X,\ p;Y,\ 1-p)=S(p)U(X-R)+S(1-p)U(Y-R)$

$X>R>Y$

$\frac{d^2U(X-R)}{d(X-R)^2}<0,\ \frac{d^2U(Y-R)}{d(Y-R)^2}>0$ ……　参照点効果

$U(X)+U(-X)<0$ ……　損失回避

$S(p)<p$ if $p>0.3$ ……　0.3以上の主観的確率の過小評価

$S(p)+S(1-p)<1$ ……　主観的確率の劣加法性

とおく。

論の最も重要な3点に絞って解説していきたい。プロスペクト理論はBOX3－5で詳しく論じる。

第一に、プロスペクト理論は、効用関数（トゥヴァスキーたちは価値関数と呼ぶ）が額面の水準ではなく、判断の基準となる参照点（reference point）からの乖離によって測られると考えた。参照点は、過去の習慣、現在の状況、あるいは確実な利得など、多様な要因によって決まってくる。我々は利得や損失をこの参照点からの乖離の符号によって判断するのである。

たとえば、アレの反例の問題1でいえば、選択肢Aは確実に500ドルもらえるのであるから、選択肢Bの参照点はなにももらえない0ドルではなくて、選択肢Aを選べば確実にもらえる500ドルとなる。したがって、選択肢Bの参照点で調整された後の利得は2500ドル－500ドル＝2000ドル、0ドル－500

ドル＝－500ドル、500ドル－500ドル＝0ドルとなる。

プロスペクト理論では、参照点を原点とし、効用関数の形状を図3－11のように、利得に対しては限界効用低減型＝危険回避型、損失に対しては限界効用逓増型＝危険愛好型であると考える。

第二に、プロスペクト理論は、利得領域の効用の増加よりも損失領域の効用の増加のほうが早いと考えた。要するに、参照点の左の凸効用関数の傾きのほうが、右の凹効用関数の傾きよりも急であると考えた。これを損失回避（loss aversion）と呼ぶ。

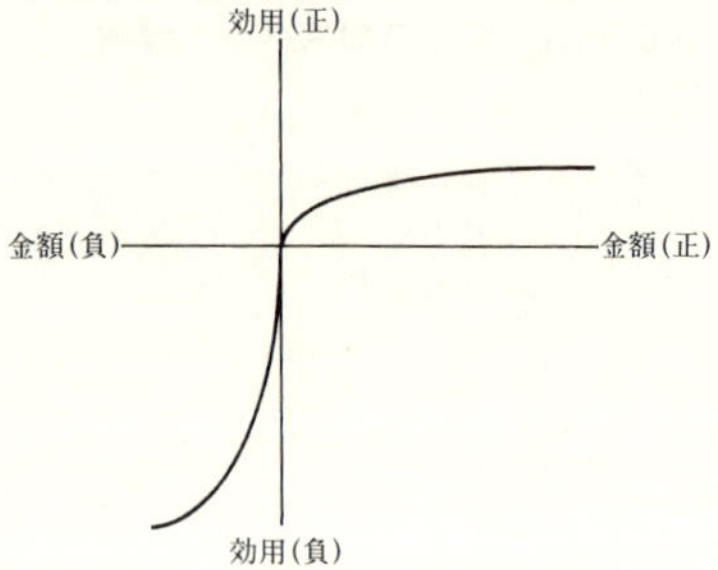

図3－11　プロスペクト理論の効用関数

図3－11では、左下の曲線の傾きのほうが、右上の曲線の傾きよりも急に描かれている。トヴァスキーたちの計算によれば、損失回避度の傾きの違いは2・5倍程度であるという。損失回避のために、同じ10万円の利得と損失の効用を比較すると、$U(10\text{万円})+U(-10\text{万円})<0$となる。

もう一度、アレの反例に戻ると、確実に500ドルもらえる選択肢Aと、高い確率で500ドル以上もらえるのだが、小さな確率でなにももらえない可能性のある選択肢Bを比べてみよう。多くの人が選択肢Ａのほうを選ぶのは、効用を賞金の水準ではなく、参照点からの乖離によって評価するからである。

ここで参照点を５００ドルとすると、選択肢Ｂで利得面で５００ドルと２５００ドルの差はそれほど大きいものと知覚されない。他方で、損失面で５００ドルと０ドルの差は非常に大きいものとして受け止められる。このように、参照点と損失回避から、アレの反例をうまく説明できる。

発見というほど大げさなものではないが、私が実際に実験をしていて感じることがある。図３－11によれば、参照点は凸と凹の形状が変化する変曲点であり、その傾きが凸のほうが凹よりも急であることが損失回避とされているが、むしろ参照点を境に損失の領域では負の効用が下側にジャンプしていると考えたほうが自然である。効用関数の傾きが同じであっても、もしも損失の負効用が下側にジャンプしていれば、原点から見て傾きは急に見えるだろう。損失回避に関しては、選好は連続というよりは、不連続である。

意思決定の重み

第三に、プロスペクト理論は、主観的確率（トヴァスキーたちは意思決定の重みと呼ぶ）が確率が大きい領域では過小に評価され、確率が小さい領域では過大に評価され、確率０と１

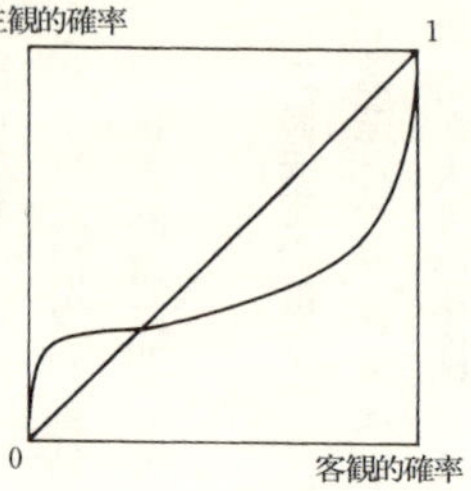

図3－12　プロスペクト理論の主観的確率

の近傍では、主観的確率はジャンプする。図3－12において、横軸が客観的確率、縦軸が主観的確率として、45度線を横切る点が参照点である。

トヴァスキーたちの計測によれば、参照点となる確率は0・3程度である。客観的確率0・3以下の主観的確率は過大に評価され、曲線は凹になっている。客観的確率0・3以上の主観的確率は過小に評価され、曲線は凸になっている。

全体としてみれば、凸の境域が大部分を占め、主観的確率は劣加法的な性質を持つ。たとえば、確率0・5の2つの事象を足し合わせても、主観的確率は0・7程度にしかならない。さらに、客観的確率0と1の近傍では主観的確率が不連続になり、確実性が特別に重視される。アレの反例でいえば、選択肢Aの確率1で500ドルもらえるという確実性が高く評価され、選択肢Bの500ドルもらえる高い確率は過小評価、なにももらえないという小さな確率が過大評価される。こうして、確実性重視からも、アレの反例をうまく説明できる。

株式プレミアムとは

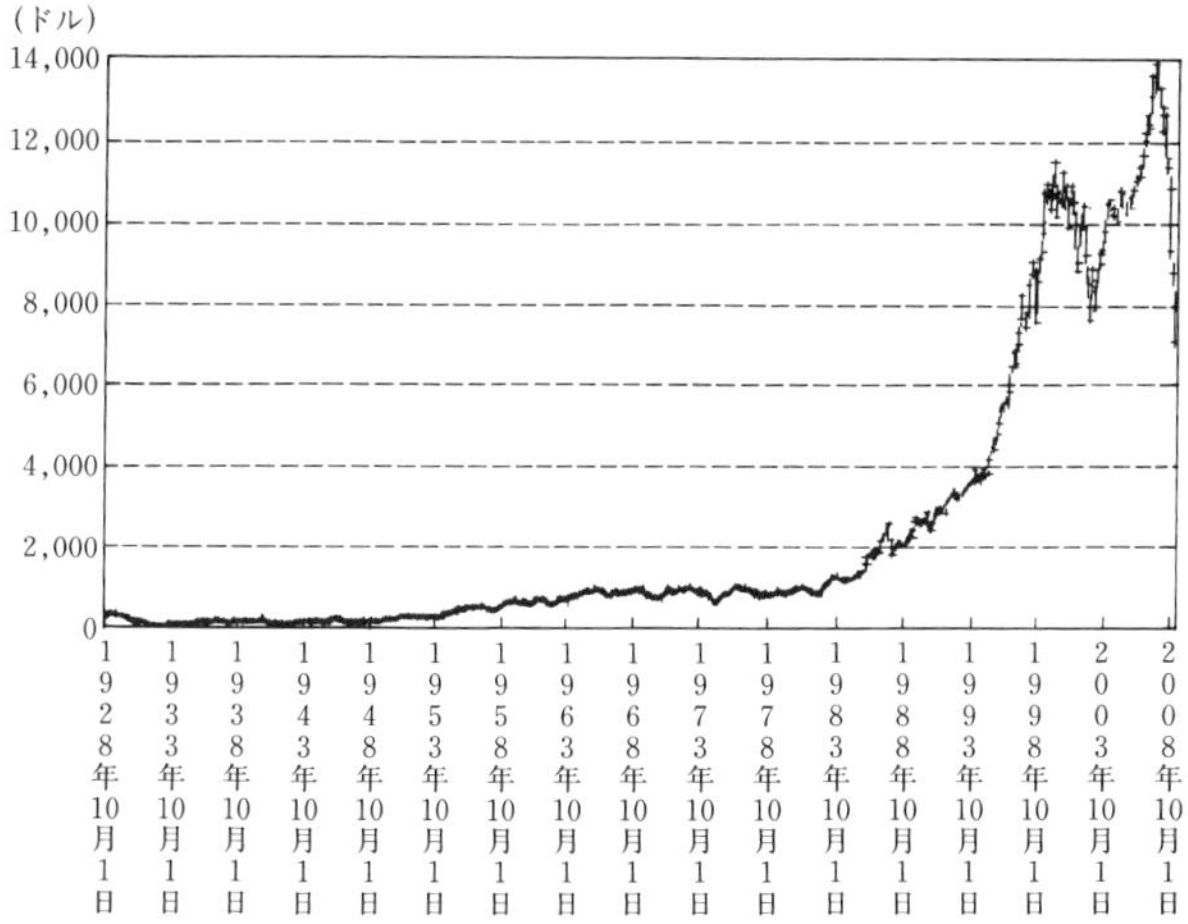

図3－13　アメリカの株価の推移

プロスペクト理論のインパクトが大きすぎたため、期待効用理論の批判的検討はこれ以上必要ないかのように思われるかもしれない。しかし、プロスペクト理論といえども、あまたある仮説のなかの1つにすぎない。少ない仮定で、多くの現象を説明できる理論が優れた理論である。

プロスペクト理論が最も優れた理論かどうかは今後の検証次第である。しかし、今のところ、見通しは悪くない。プロスペクト理論は、効用関数や主観的確率の形状を容易にテストできるし、多くのアノマリーやパラドックスを解き明かすことに成功している。

プロスペクト理論がうまく説明する事例を1つ挙げよう。アメリカの株式市場では、債券市場よりも利回りが年間8％程度高いという歴史的な傾向が観察される。図3－13は、アメリカの株式市場のダウ平均の推移である。乱高下はあるものの、長い目で見れば、高い成長率が観察される。株式市場の変動のほうが債券市場の変動よりも大きく、リスクが高いのだから、利回りが高いこと自体不思議なことではない。

しかし、実際にプラス8％という利回りを説明するためにどのくらい人々が危険回避的でないと説明がつかないか、経済学者は計算して仰天した。なんと確率$\frac{1}{2}$で5万ドル、確率$\frac{1}{2}$で10万ドルのくじで計算したところ、確実性等価は5万1209ドルとなり、我々の想定よりもはるかに危険回避度が大きかったのである。どうやら、危険回避度だけから、株式の利回りが8％高いことを説明するのは困難なようである。これを**株式プレミアムの逆説**という。

この問題に回答を与えたのが、第2章で紹介した行動経済学者のリチャード・セーラーたちである。彼らは2つの視点で問題に答えた。第一に、投資家は何十年という長期で投資をしているのではなく、心理会計上の区分（メンタルアカウンティング）に基づいて、1年間隔で投資の収支決算を行っている。これを近視眼性という。ちょうど、学校の成績を1年ごとに整理するようなものである。

第二に、投資家は相場の変動を嫌っているのではなくて、損失を出すことを嫌っているのである。これが損失回避である。株式市場は短期的に見れば変動が激しいので、短期において損失をこうむることも多々ある。近視眼的損失回避の傾向を有する投資家は、相場の短期損失のリスクを見こみ、よほど利回りのプレミアムが期待できない限りは、株式に投資しないと考えられる。セーラーたちは、これら2つの要因が株式プレミアムの真相だという。なかなか明快な回答ではないか。

9　不確実性の論理は存在するか

帰結主義を越えて

ここまでリスク下の意思決定理論として、期待効用理論の主導的役割を説明し、それに対するアノマリーを取り上げ、最後に期待効用理論に対する批判的検討、定番としてのプロスペクト理論を紹介した。しかし、期待効用理論はしょせん、リスクの意思決定理論であり、不確実性の理論ではない。ここでは、不確実性の意思決定理論の構築を目指して、いくつかの予備的な考察を行おう。残念ながら、問題解決は道遠い。見果てぬ夢のようなものだろうか。

第一に、期待効用理論がアノマリーをこうむる本質的な理由には**帰結主義**（consequential-ism）の仮定がある。帰結主義というのは、行動の結果だけを効用として評価するという姿勢である。実際には、行為の結果までの過程も効用には影響を及ぼすのではないか。その1つの例が、実現しなかった利得に対する後悔である。

アレの反例を帰結主義への疑問として考えてみよう。図3－14aは問題1を動学的選択(dynamic choice) として表現したものである。確率0・11で選択肢AまたはBの二者択一のチャンスが与えられる。確率0・89で二者択一のチャンスは与えられず、500ドルもらってゲームオーバーとなる。

図3－14bは問題2を動学的選択として表現した。図3－14aとの違いは、確率0・89で二者択一のチャンスが与えられない場合、賞金ゼロでゲームオーバーとなることだ。期待効用関数の独立性公理と帰結主義は密接な関係がある。最初の節で確率0・89で選択のチ

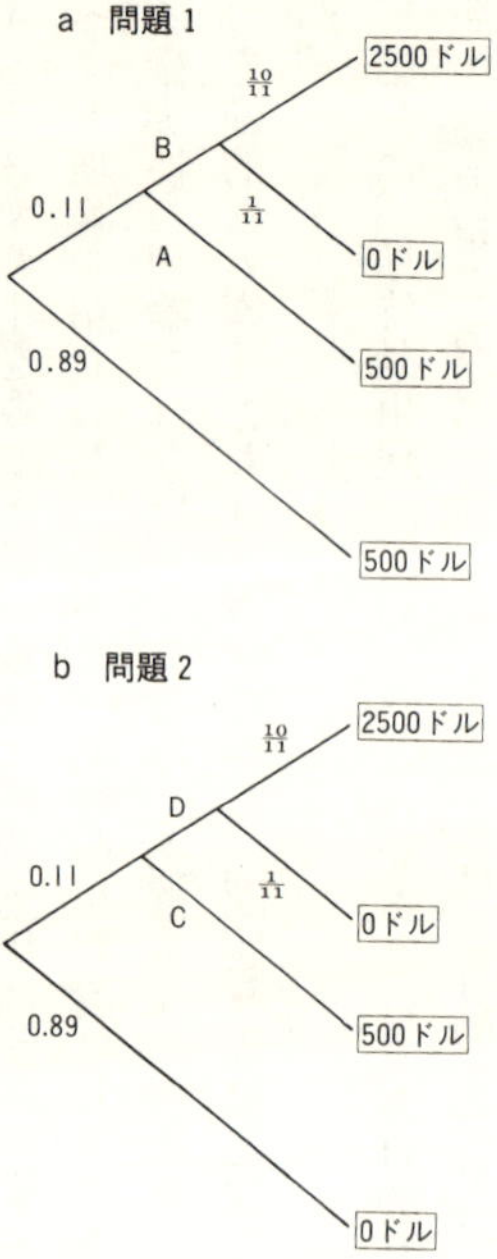

図3－14 アレの反例の動学的選択

ャンスが与えられないわけだが、これは独立性公理の第三の無関係な選択肢にあたる。帰結主義によれば、すでに実現した第三の無関係な選択肢は、覆水盆に返らずの譬《たと》えのとおり、それ以降の選択肢の選好に影響を及ぼさないはずである。

実際には、実現した節の結果が500ドルまたは0ドルかによって、後悔という形で選好は影響を受けるのである。帰結主義は時間の不可逆性に関連しており、一度限りで繰り返しのきかない選択であるときに、後からああすればよかったこうすればよかったという後悔を引きずりたくないという人間の素直な気持ちと関連しているのではないだろうか。そうなると、不確実性と時間の不可逆性には切っても切れない表裏一体の間柄がある。

基数主義を越えて

第二に、期待効用関数は基数主義であり、確率によって加重平均できるかどうかの鍵《かぎ》が第三の無関係な選択肢からの独立性にあった。独立性公理を捨て、序数主義の立場をとると、もはや確率によって加重平均をとるという操作はできなくなる。近代経済学の歴史は基数主義から序数主義への転換、序数主義から基数主義への揺り戻し、そして基数主義の妥当性に対する揺らぎであったともいえよう。結論はまだ出ていない。

ひとつ、興味深い話題を紹介せずにはいられない。サミュエルソンと並んで、二十世紀後

図3－15　ケネス・アロー
（写真提供・読売新聞社）

半の偉大な万能経済学者といえば、ケネス・アローである。アローのあまたある歴史的な業績のなかでも、最も重要なものとして、**不可能性定理**を外せない。不可能性定理を一言でいえば、選択肢が3つ以上あるとき、すべての個人の選好を「民主的」なルールで集計する社会的選好を導くことはできず、誰か特定の個人（独裁者）の選好を反映したものにならざるを得ないというものである。

アローの不可能性定理の根底にあるのは、個人間で比較不可能な序数的な選好である。序数的選好を仮定する限り、各個人の選好から社会的な選好を得ることはできないのである。もしも個々人が個人間で比較可能な基数的な選好を持てば、社会的選好を得ることは不可能ではなくなる。要するに、個人間で比較不可能な序数的選好からは独裁的選好が出てくるが、個人間で比較可能な基数的選好からは民主的選好が得られる。

以上のことをリスク下の意思決定問題に置き換えると、序数的選好からは期待効用のように確率や利得の情報を満遍なく使う意思決定ルールとはならずに、ごく一部の情報だけを反

BOX３－６　辞書式選好

辞書式の選好の一例には、MAX[MIN[S(p)U(X)＋S(1－p)U(Y)]]のように、さまざまな幅を持った主観的確率S(p)に対して、期待効用(S(p)U(X)＋S(1－p)U(Y))の最小値(MIN)が最大(MAX)になるくじを選ぶというルールも含まれる。

もちろん確率の幅に曖昧さがなく、S(p)が一義に定まれば、MAX[MIN]型期待効用は通常の期待効用となる。独立性公理や確率の加法性が破綻すれば、リスク下の意思決定は期待効用型とはならず、ある種の辞書式的な性格が生じてしまう。

映した辞書式選好形式の意思決定ルールになってしまうことになる。辞書式選好とは、辞書のアイウエオ順、アルファベット順のように定まった順序で項目を並べることである。たとえば、主観的確率が楽観的な確率から悲観的な確率まで多種多様な場合、期待効用の最小値が最大となるような意思決定ルールも辞書式の一種である。辞書式選好はＢＯＸ３－６で詳細に論じる。

シャックル再び

ここでもう一度、不確実性の経済学者、シャックルに立ち戻ることをお許しいただきたい。シャックルは自著のなかで繰り返し「不確実性の論理は存在するか」と問うている。このようなシャックルの姿勢をニヒリズムと批判するものも多い。

シャックルは晩年、『ケインジアン・カレイディクス(万華鏡学)』という書物を残し、現実の社会経済が万華鏡のようなものであり、断片の微小な変化が予想だにしなかった新しいモザイク像を織りなすことを強調し、公理から定理へと進む形式的な論理で人間の感覚や感情の世界を表現することはできないと論じた。

シャックルのこのような言説をニヒリズムと断じたとしても仕方のないことであったろう。それでもひとつだけ消すことのできない事実がある。シャックルの不確実性の意思決定理論は、期待効用理論が誕生する以前から、主観的確率の劣加法性を指摘し、参照点の重要性を説き、辞書式選好の意思決定理論を構想し、最後はほぼ複雑性といってもよい世界観に到達していた。

私もそれほど多くの経済学者の著作を読みあさったわけではないが、学問の深い本質的部分でここまで先を見通した鬼才を知らない。彼は将来どうなるかを予想したのではない。独創の末、数十年も先を行ったのである。ケインズは、正しい予言をするが、誰からも信じてもらえない薄幸の美少女カッサンドラを自任したことがあるが、ケインズの予言は彼が生きている間にあらかた的中したことを考えると、早すぎた予言者の称号はシャックルのような人にこそふさわしいのかもしれない。

第4章　アディクション

タバコを吸うということを行動経済学的に考えてみよう。喫煙は現在の嗜好《しこう》を将来の健康リスクよりも優先するという時間上の選択である。また、喫煙は将来の健康リスクを軽視するという意味で不確実性下の選択である。

そのように考えると、喫煙者は時間選好率が高く、危険回避度が低いということになろう。果たして、この予想は正しいだろうか。あるいは、喫煙は伝統的経済学では説明のつかないアノマリーの結果であろうか。

本章では、行動経済学がアディクションをどのように解き明かすのか解説しよう。

1　アディクションとはなにか

合理的アディクション

人間は将来の出来事を完全に織りこんで現在の行動を決定するわけではない。行動経済学では、人間の合理性には限界があると考え、伝統的経済学とは異なる発想で金融や労働の分野で新境地を切り開いている。本章では、そうした最新の研究成果を踏まえながら、**アディクション**（addiction、嗜癖《しへき》と訳される）について、行動経済学的に考えていきたい。

タバコやアルコールのようなアディクションを考えてみよう。アディクションには依存症がつきものである。依存症の怖いところは、繰り返し刺激を追求すると、刺激の効き目が薄くなることである。これを耐性という。さらに、長い間、刺激から遠ざかると、不安やイライラを感じる。これを離脱という。この耐性と離脱のために、やめたくてもやめられなくなってしまう。ここまでいけば、もはや中毒である。

さらにやっかいなことにタバコをたしなむ人はアルコールもたしなみ、物質的なアディクションを好む人はパチンコや競馬のような行動過程へのアディクションも好む傾向があり、ときとして多重債務に陥る場合もあり、人格崩壊や家庭崩壊まで引き起こしかねない。こう

いったアディクションの連鎖（クロスアディクション）は合理的選択の結果とはいいがたい。

しかし、伝統的経済学は合理的選択の学問であり、アディクションも合理的選択として解釈する立場が長らく主流であった。経済合理性を重視するシカゴ学派のリーダー的立場にあるゲーリー・ベッカーは、喫煙のようなアディクションの効用と不効用のすべてを考慮に入れたうえで納得ずくで中毒にはまるという考え方を**合理的アディクション**（rational addiction）モデルと呼んだ。

ノーベル経済学賞の受賞にもつながったベッカーの学問的貢献は人的資本理論である。人的資本理論では、人間の経済的価値を投資によって高めることができるとして、その価値を資本のように蓄積できると考える。その方向にしたがって、健康が効用を生み出す資本であると考え、消費者は健康を改善させるために医療サービスを消費するという医療需要モデルが考えられた。将来の健康資本に与える影響を考慮して、現在の医療サービスの消費を決めるという考え方は、医療経済学にも大きな影響を与えた。

この一例が喫煙である。喫煙は、健康資本を取り崩す負の投資、蕩尽《とうじん》ということになる。消費者は、タバコのような嗜癖性のある財が現在の満足を与えるが、健康を害することで将来の不効用を生み、将来の所得を減少させるのも計算に入れて、消費量を決めると考えられた。このような消費者は自分の行動を後悔しないという意味で、皮肉を込めて「**幸せな嗜癖者**」と呼ばれる。

合理的アディクションの批判

しかし、やめたくてもやめられないアディクションをベッカーのように合理的行動として説明することには批判もある。

第一の批判は、アディクションの初期において自分が中毒になることのリスクをわきまえず、中毒になったときの被害を過小に見積もっているというものである。実際には同じだけアディクション財を消費しても病気になる人とならない人がいる。病気になるかどうかは、遺伝子のような先天的要因と生活環境のような後天的要因とが複雑に相互作用して決まるからである。依存症にはまる人は、自分だけは大丈夫と楽観的にリスクを見積もる傾向がある。体のなかではダメージが蓄積していながら、病気が顕在化してからはじめて後悔するのだ。

第二の批判は、人間の合理性には限界があり、その行動には首尾一貫性が欠けるというものである。具体的には、長期的にはアディクションをやめたほうがよいと分かっていながら、つい目先のアディクションに手を出してしまうような場合である。時間選好率とは将来の満足を現在の満足に換算するときの割引率のことであるが、もしも時間選好率が一定であるならば、近い未来の利得でも遠い未来の利得でも同じ比率で価値を割り引くので、両者の割引現在価値は幾何学の平行線が交わらないように交叉しないはずである。

割引現在価値が交叉して、時間上の選好が逆転してしまうような非整合性が発生するのは、時間選好率が遠い将来の利得には低いのに、直近の利得に対して高いからである。このため、本当は遠い将来の大きな利得を選ぶべきだと思いながらも、目の前の小さな利得を選ぶのである。

病気になってからの後悔や時間非整合性を考慮すると、人々が本当に一元的に満足を最大化する存在かどうか疑わしい。第２章で紹介したジキルとハイドではないが、１人の頭のなかで理性的な我と衝動的な我が葛藤しているのかもしれない。

最近、脳機能を観察する画像装置が発展し、目先の利得を評価する部位と理性的な判断を下す部位が別にあるという研究が提起され、その真偽をめぐって論争が続いている。脳イメージングを用い、脳科学と経済学の融合によって、人間行動の原理を解明しようとするニューロエコノミクスは、ある意味で脳機能の局在説的な考え方ともいえ、脳の特定の部位の活動と行動や感情が本当に対応するならば、非合理なアディクションも説明できるかもしれない。

2　喫煙行動を経済学的に考える

喫煙率の推移

喫煙を例にとって、アディクションを考えていこう。喫煙は、がんだけではなく循環器や呼吸器など幅広い種類の病気のリスクを上げると考えられる。日本の喫煙状況を見ると、全体での喫煙率は減少の傾向にあるものの、国際的には高率である。特に男性の喫煙率は先進7ヵ国のなかでも最も高く、全体の喫煙率も平均を上回っている。

喫煙による疾病リスクの増加、超過死亡に加えて、火災などを含めた社会的な損失は政策

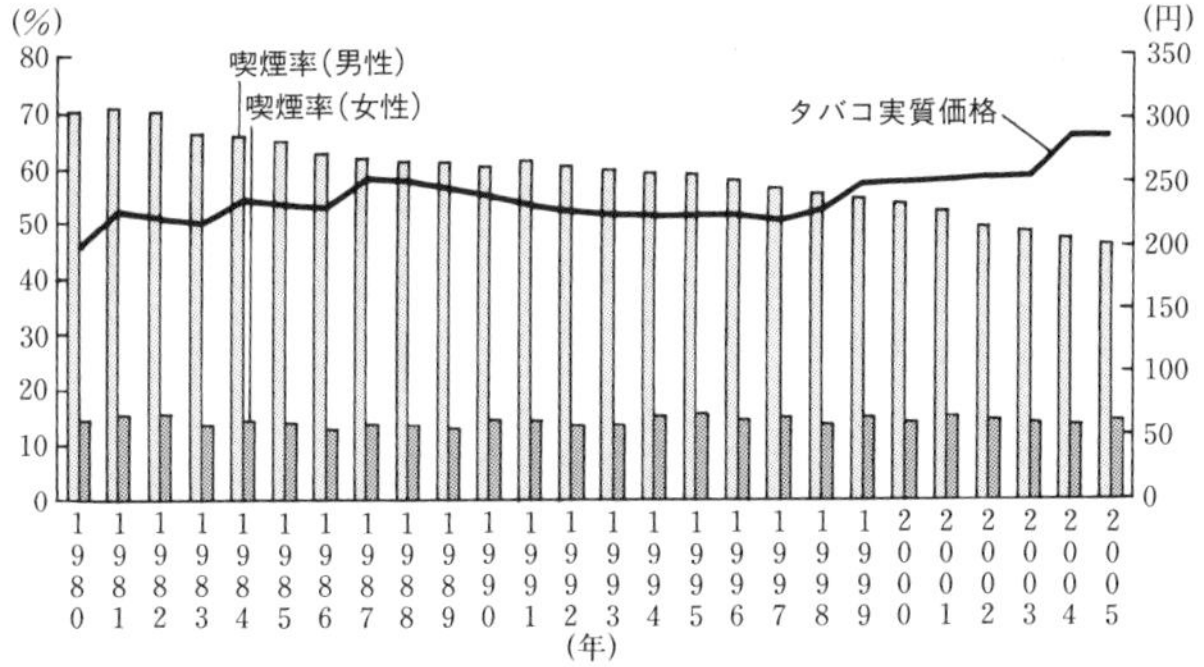

図4-1　タバコ価格と喫煙率の推移（依田高典・後藤励・西村雄三『行動健康経済学』2009，日本評論社，p.49より）

的にも大きな問題となっており、二〇〇〇年に厚生省によって策定された「21世紀における国民健康づくり運動」でも、①健康影響への十分な知識の普及、②未成年者の喫煙の根絶、③公共の場や職場での分煙、④禁煙支援プログラムの普及、以上の4つが喫煙対策の柱として推進されている。

図4-1は一九八〇年から二〇〇五年までのタバコ価格と喫煙率の推移を示したものである。図4-1を見ると、男性の喫煙率は25年間継続的に低下しており、女性の喫煙率は期間中ほぼ一定であるため、このグラフからは喫煙率のタバコ価格との関連ははっきりとしない。価格について詳しく見ると、一九八〇年当時1箱150円であったタバコは、25年の間には消費税関連のものを含めて5回値上げされている。最大幅の値上げでも専売公社民営化時（一九八〇年）に行われた30円（20%）である。

タバコ税はどうあるべきか

このように、日本のタバコの値上げは小幅であり、海外のように一挙に大幅な値上げが行われたことはない。タバコに税をどれくらいかけるべきかについては、タバコ消費という行動に対する見方によって変わってくる。タバコ消費の合理的な側面を重視すれば、税は受動喫煙などの負の外部性の分だけ喫煙者に負担してもらえばよい。

他方、ニコチン依存症となり、タバコをやめたくてもやめられず、合理的に将来の健康被害を考えることができなくなってしまうという非合理的な側面を重視すれば、負の外部性以上の課税が必要となる。

日本でも二〇〇六年六月より、医師が行う禁煙指導に対して健康保険の枠内で診療が行われることになった。禁煙治療を含め、多くの喫煙対策には社会保険料や税など公的な資金が使われる。したがって、喫煙者の行動に関する詳細な分析に基づいた効率的な喫煙者対策が不可欠であり、喫煙行動に直接影響を与えるエビデンス（明白な根拠）のある対策を優先することが必要である。

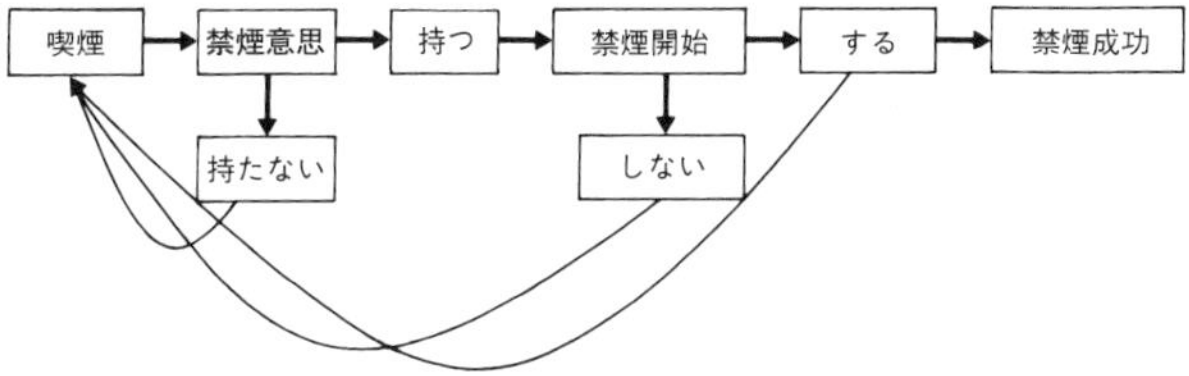

図4－2　喫煙の行動モデル

3　禁煙意思のコンジョイント分析

ニコチン依存度の調査

現在、タバコを吸っている人が禁煙する場合、どのようなプロセスに分けて考えればよいだろうか。この問題に対して、図4－2のように、禁煙意思の有無、禁煙開始の有無、禁煙の成否という3つのプロセスに分解して考えてみよう。以下では、喫煙者がタバコ価格や喫煙環境の変化、健康リスクといった情報についてどのように反応するかについて、私が後藤励甲南大学准教授らと行った研究結果を紹介しよう。

本研究では、モニター調査会社に登録している全国の成人（登録総数約22万人）を対象としたアンケート調査結果に基づいて分析を行った。標本の抽出は、2段階に分けて行った。第一に、登録モニターのなかから約1万人を無作為に抽出し、現在非喫煙者、現在喫煙者に分類した。現在喫煙者の定義は、過去1ヵ月間に喫煙をしたもので、生涯喫煙本数が１００本を超えるものである。

次に、現在喫煙者に対してニコチン依存度を測定した。ニコチン依存度の指標としては国際的にもよく用いられるＦＴＮＤテスト（Fagerström Test for Nicotine Dependence）を用いた。

以下に示したのがＦＴＮＤテストの日本語版であるが、ここでは6問の質問に対する回答の総得点によって、ニコチン依存度ごとに、高度喫煙者（合計点7点以上）、中度喫煙者（合計点4－6点）、低度喫煙者（合計点0－3点）に分類した。分析に用いたデータは６１６名であり、内訳は高度喫煙者（22％）、中度喫煙者（34％）、低度喫煙者（44％）となった。

問1　朝起きてからどのくらいで最初のタバコを吸いますか？　①5分以内（3点）②6－30分（2点）③31－60分（1点）④60分以上（0点）
問2　寺院や図書館、映画館など、喫煙を禁じられている場所で禁煙することは、あなたにとって難しいことですか？　①はい（1点）②いいえ（0点）
問3　一日の喫煙のなかで、どちらが一番やめにくいですか？　①朝の最初の一本（1点）②その他（0点）

問4　あなたは一日に何本タバコを吸いますか？　①10本以下（0点）　②11－20本（1点）　③21－30本（2点）　④31本以上（3点）
問5　一日のうち、起きてから数時間のほうが、ほかの時間帯に比べて多く喫煙しますか？　①はい（1点）　②いいえ（0点）
問6　あなたは、病気でほとんど一日中寝こんでいるようなときも、喫煙しますか？　①はい（1点）　②いいえ（0点）

禁煙のコンジョイント分析

ここで紹介する研究手法を**コンジョイント分析**と呼ぶ。コンジョイント分析は、ある財（ここではタバコ）がいくつかの属性によって表現されるとみなし、相互に属性の水準を少しずつ変えたものを複数、仮想的な財として被験者に提示し、その財を消費するか否かを選択させる。これにより仮想的な財に対する選択データから、被験者が財を消費するさいに、どの属性をどの程度重視しているかを分析するというものである。

調査で使用した属性は、①タバコの価格（300円から800円まで）、②公共性の高い場所での喫煙に対する罰金の有無、そして③次のような健康への3つのリスクである。

●喫煙者の死亡リスク（長期自己健康リスク）
●急性上気道感染症にかかったときに自宅安静を必要とする期間（短期自己健康リスク）
●タバコを吸わない家族の肺がんリスク（家族健康リスク）

代表的な質問を図4-3に掲載した。こうして、コンジョイント分析の回答結果を計量経済学的手法を使って分析し、変数などを変更したさいに喫煙継続確率がどのように変わるかについてのシミュレーションを行った。価格を除く変数をサンプル平均値に固定して、タバコの価格のみを変化させた場合の、喫煙継続確率の変化を図4-4に示している。

全体的に喫煙依存度が高いほど、喫煙継続確率は高かった。タバコの価格が上がる場合、高度喫煙者の禁煙率はゆるやかにしか増えないのに対して、低度喫煙者の禁煙率は速やかに増加した。現行価格の300円でも喫煙継続確率が1ではないのは、非価格属性の影響もあるが、現行価格でもできれば喫煙をやめたいという消極的な喫煙層を表すと考えられる。このような消極的な喫煙層は、ニコチン依存度が低いほど、多くなる。他方、タバコの価格が現行価格の倍以上になっても、喫煙を継続する積極的な喫煙層も相当数存在する。このような積極的な喫煙層は、高度喫煙者では過半を超えた。

逆に、目標とする喫煙断念（禁煙）率を達成するのに必要なタバコの価格を計算すると、喫煙習慣度が高くなるほど、目標価格は高くなった。低度喫煙者では、禁煙率０・５を達成するために４６７円、禁煙率０・９を達成するためには６９６円に目標価格を設定する必要があったのに対し、高度喫煙者では、禁煙率０・５を達成するために７０６円、禁煙率０・

属性	水準	
タバコの価格	600円	
公共的な場所での喫煙への罰金	罰金	なし
喫煙者の死亡リスク	非喫煙者に比べて	2倍
かぜ、インフルエンザで、寝込む期間	非喫煙者に比べて	等しい
タバコを吸わない家族の、肺がんリスク	家族への影響	あり

上の質問の場合、あなたはタバコを止めますか？
それともタバコを吸いつづけますか？
（1）　はい
（2）　いいえ

図4－3　禁煙意思に関するコンジョイント分析の例

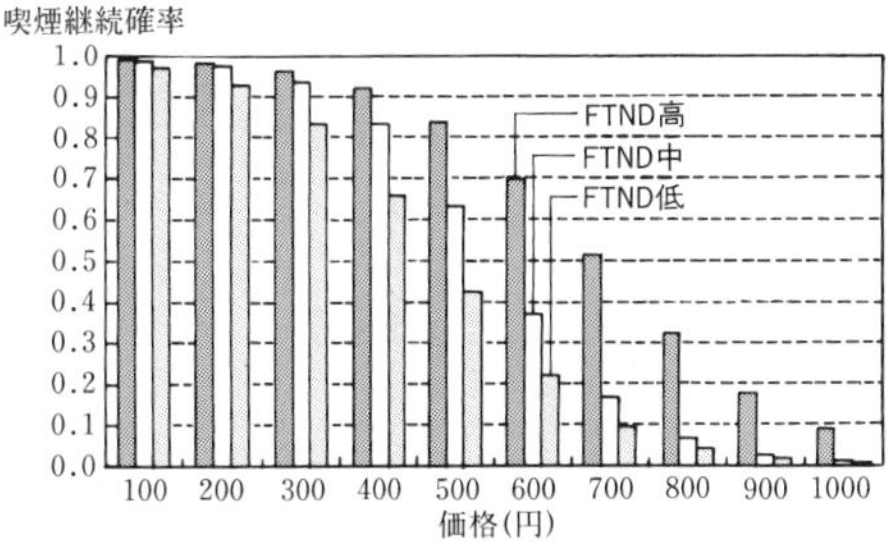

図4－4　タバコの価格と喫煙継続確率

9を達成するためには983円に目標価格を設定する必要があった。

4 喫煙の経済心理学

行動経済学的に見た喫煙

タバコは体によくないといわれる。喫煙者の多くもその事実を認めている。それならば、なぜ喫煙者はタバコを吸うのだろうか。タバコを吸う理由としては、活力の増大、ストレスの発散、そして依存性が挙げられる。ある研究によれば、喫煙者は、喫煙本数が進むにつれて、心理的安定が得られ、社交性も増すと報告されている。愛煙家にとって、一時的にせよ、タバコが効用の増大をもたらすことは認められよう。

問題はその副作用である。イギリスで一九五一年から一九九一年まで実施された大規模な追跡調査の結果によれば、非喫煙者の死亡リスクを1とした喫煙者の相対的死亡リスクは35−69歳で約3倍、70−79歳で約2倍とされている。つまり、タバコを吸うという習慣が、そのほかの習慣とも相まって、多くの不本意な死亡をもたらしていると推測される。

このように考えると、喫煙するということは2つの意思決定問題として定式化できよう。第一に、喫煙は**時間上の選択**(decision making over time)である。愛煙家にとって、一服することは、今直面するストレスを発散させ、小さいながらも効用を高めてくれる。他方で、疫学研究によれば、長年の喫煙習慣は健康をむしばみ、将来の効用を著しく低めるかもしれない。裏返していえば、タバコを吸わなければ、将来の大きな効用を得ることが期待できる。つまり、喫煙は現在の小さな効用と将来の大きな効用の間の選択問題である。

第二に、喫煙は**リスク下の選択**（decision making under risk）である。喫煙をすると、肺がんや気管支炎などの健康リスクを高めることが知られているが、疾病の発現の仕方は人によって異なる。喫煙で命を落とす人もいれば、喫煙に関係なく長寿を全うする人もいる。つまり、喫煙は増大するリスクをどのように評価するかという問題である。

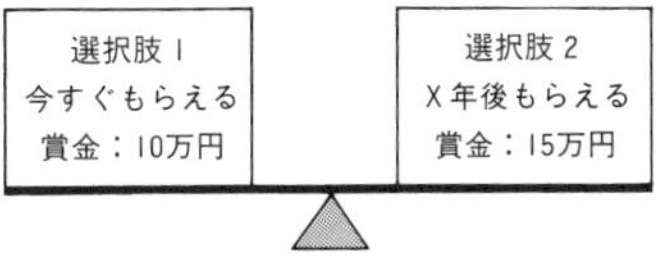

図4－5　時間上の選択

時間上の選択として見る

時間上の選択をもう少し説明しよう。図4－5を見ていただこう。今、あなたは次のような選択問題に直面している。選択肢1は10万円の賞金が今すぐもらえる。選択肢2は15万円の賞金がX年後にもらえる。選択肢1の効用と選択肢2の効用が等しくなるように、Xに適切な数字を入れるとどうなるか。経済学では、現在の10万円とX年後の15万円が同じくらい好ましい場合、

$$U(10万円) = \frac{U(15万円)}{(1+T)^X}$$

と表す。

ここでいうTが年あたり時間選好率である。ここでは効用関数を便宜的に線形として仮定すると、X＝1ならT＝0.5、X＝2ならT＝0.22、X＝3ならT＝0.14となる。Xが大きいほどあなたは、現在の少ない賞金をもらうのではなく、将来の大きな賞金を待てるということになる。つまり、将来の賞金を待てる度合いが大きいほど時間選好率は小さくなる。

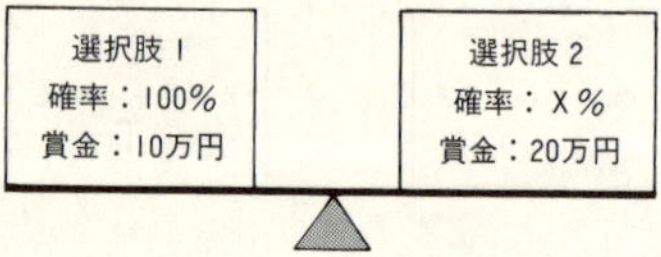

図4－6　リスク下の選択

リスク下の選択として見る

次に、リスク下の選択を説明しよう。図4－6を見ていただこう。今、あなたは次のような選択問題に直面している。選択肢1は10万円の賞金が確実にもらえる。選択肢2は20万円の賞金が確率X％でもらえる。選択肢1の効用と選択肢2の効用が等しくなるように、Xに適切な数字を入れるとどうなるか。経済学では、確実な10万円と確率X％の20万円が同じくらい好ましい場合、

$$U(10万円)=X\times U(20万円)$$

と表す。

効用を金額のR乗としよう。このとき、相対的危険回避度は1−Rで与えられる。X=0.5なら1−R=0、X=0.6なら1−R=0.24、X=0.7なら1−R=0.49となる。Xが大きいほど、たとえ確実性をあきらめてリスクに挑戦したとしても、もらえないリスクが小さいほうを好むことになる。

喫煙者は将来の大きな利得よりも現在の小さな利得を選好するので、喫煙者の時間選好率は非喫煙者の時間選好率よりも大きいはずである。また、喫煙者は確実な小さな利得よりも不確実な大きな利得を選好するので、喫煙者の危険回避度は非喫煙者の危険回避度よりも小さいはずである。

時間選好率と危険回避度のコンジョイント分析

それでは実際に喫煙者は非喫煙者に比べて、どれほど時間選好率が大きく、危険回避度が小さいかについて、私たちが行った研究の概要を紹介しよう。コンジョイント分析では、財をさまざまな属性の束（プロファイル）から成り立っているものとみなし、属性ごとの評価が可能である。本調査で使用する選択肢、属性および水準は次のとおりである。

選択肢1：
賞金10万円、当たりの確率100％、待ち時間なし。

選択肢2：
賞金額、当たりの確率、待ち時間を問題ごとに変化。
賞金額は、15万円、20万円、25万円、30万円。
当たりの確率は、40％、60％、80％、90％。
賞金がもらえるまでの待ち時間は、1ヵ月後、半年後、1年後、5年後。

	選択肢1	選択肢2
賞金額	10万円	25万円
賞金がもらえる待ち	今すぐ	1ヵ月後
時間あたりの確率	100%	80%
選択する選択肢に○をして下さい	↓	↓

図4－7　コンジョイント分析の設問例

代表的な質問例を図4－7として掲載する。このような質問を1人あたり8問ずつ繰り返す。このようなコンジョイント分析からどうやって時間選好率と危険回避度を同時に測定す

BOX 4－1　時間選好率と危険回避度の同時測定

コンジョイント分析の回答結果から時間選好率、危険回避度を推定する基礎となる割引効用モデルと期待効用モデルを説明する。

まず、選択肢 j の効用を V_j(利得$_j$、遅滞時間$_j$、確率$_j$) とおく。標準的経済学では、通常、指数関数型割引効用、期待効用を用いる。具体的に書くと、

割引効用：exp(－T×遅滞時間$_j$)×効用(利得$_j$)

T：時間選好率パラメータ

期待効用：確率$_j$×効用(利得$_j$)

効用(0)=0と仮定。

となる。

以上から、V_jを書き直せば、

V_j(利得$_j$、遅滞時間$_j$、確率$_j$)

＝exp(－T×遅滞時間$_j$)×確率$_j$×効用(利得$_j$)

となる。

ここでは、簡単に、効用関数を利得のR乗とおく。両辺の対数 log をとると、

logV_j(利得$_j$、遅滞時間$_j$、確率$_j$)

＝－T×遅滞時間$_j$＋log 確率$_j$＋R×log 利得$_j$

を得る。時間に関する不忍耐が増すほど、T は大きくなる。危険回避的ということは 1－R∈[0,　1] であり、危険回避的であるほど、1－R は大きくなる。

表4－1　喫煙習慣別に見た時間選好率、危険回避度

	全喫煙者	高度喫煙者	中度喫煙者	低度喫煙者
時間選好率（／月）	0.066	0.069	0.061	0.067
相対的危険回避度	0.090	0.044	0.077	0.150

	全非喫煙者	生涯非喫煙者	過去喫煙者
時間選好率（／月）	0.045	0.052	0.039
相対的危険回避度	0.300	0.238	0.354

るかはBOX4－1で詳細に説明する。

喫煙の時間選好率と危険回避度

今まで説明してきたようなデータとモデルを用いて、喫煙習慣の別に、時間選好率、危険回避度を計測した。計測された数値は表4－1に掲載されている。

まず、時間選好率についての解説から始めよう。時間選好率はTである。数値が大きいほど、月間の時間選好率が高く、より近視眼的であることを表す。主要な発見をまとめると次のようになる。

- 喫煙者のほうが、非喫煙者よりも、時間選好率が高い。
- 喫煙者のなかでは、高度喫煙者が一番時間選好率が高い。
- 非喫煙者のなかでは、過去喫煙者のほうが、生涯非喫煙者よりも、時間選好率が低い。

次に、危険回避度に移ろう。相対的危険回避度は1−Rで表される。数値が大きいほど、危険回避度が高いことを表す。主要な発見をまとめると次のようになる。

●喫煙者のほうが、非喫煙者よりも、危険愛好的である。
●喫煙者のなかでは、高度喫煙者が一番危険愛好的である。
●非喫煙者のなかでは、過去喫煙者のほうが、生涯非喫煙者よりも、危険回避的である。

以上、我々の発見をまとめておこう。喫煙は将来の満足よりも目先の満足を重視するアディクションである。したがって、その場合、喫煙者の時間選好率のほうが、非喫煙者よりも高いと予想される。実際、そのとおりであった。

計測結果に基づいて、簡単なシミュレーションを行った。非喫煙者は現在の100円と1年後の169円を等価とみなすのに対して、喫煙者は1年後の216円でないと納得しない。さらに、喫煙者をニコチン依存度に応じて、高度・中度・低度に分類化したとき、高度喫煙者の時間選好率が一番高く、現在の100円と等価な1年後の金額は223円であった。

興味深いことに、非喫煙者のうち、一番忍耐強いのは生涯で一度も喫煙したことのない人ではなく、過去に喫煙したが禁煙に成功した人である。現在の100円と等価な1年後の金額は、生涯非喫煙者が183円、過去喫煙者が158円だった。一度喫煙しながら禁煙に成功するほうが、一度も喫煙しないよりも忍耐力を必要とするのだろうか。

危険回避度に目を転じると、喫煙者のほうが非喫煙者よりもリスクを軽視していることが分かった。喫煙者は手元の確実な100円と、賞金が214円である当たりの確率が50%のくじを等価とみなす。

他方、非喫煙者の場合、確率50%のくじの賞金を269円とみなした。詳細を見ると、やはり高度喫煙者の危険回避度が一番低く、過去喫煙者の危険回避度が一番高いことも分かった。

5 喫煙のアノマリー

アディクションの2アプローチ

なぜ人間はタバコや薬物のような健康に悪いアディクションに、みすみすはまってしまうのだろうか。我々は、アディクションの経済理論を解説し、2つのアプローチが存在することを論じた。

第一のアプローチは、合理的アディクションモデルである。そこでは、消費者は、タバコのような嗜癖性のある財が現在の満足を与えるが、健康を害することで将来の不効用を生み将来の所得が減少するのも計算に入れて、消費量を決めるものとする。その結果、時間選好率が高い消費者や危険回避度が低い消費者がアディクションにはまることになる。

第二のアプローチは、限定合理的アディクションモデルである。ここでは、やめたくてもやめられないという時間非整合性の問題が明示的に取り扱われ、限定合理性があるがゆえにヒトはアディクションにはまる。

ここで問われなければならない問題がある。それは、2つのアプローチは矛盾するのか、それとも整合的な関係にあるのかどうかである。タバコのようなアディクションにはまる人間は衝動的であり、時間非整合的でもあると想像するのは難しくない。もしもこのような傾向があるとするならば、アディクションに関する2つのアプローチは補完的な関係にあるといえよう。同じことは、リスクにおいて、過度に確実性を重視する人間は期待効用理論に反するような傾向があるかどうかにもあてはまる。

割引効用アノマリーの有無を測る

我々は、割引効用アノマリーの有無を調査するために、次のような2つの質問を行った。

時間問題1

選択肢1：今すぐに、10万円もらえる

選択肢2：X年後に、15万円もらえる

2つの選択肢が同じ満足となるには、選択肢2の待ち時間X年後はどれくらいの大きさですか。

時間問題2

選択肢1：1年後に、10万円もらえる

選択肢2：Y年後に、15万円もらえる

2つの選択肢が同じ満足となるには、選択肢2の待ち時間Y年後はどれくらいの大きさですか。

経済学では、時間上の選択を考えるさいに割引効用を仮定する。現在の10万円とX年後の15万円が同じくらい好ましい場合、

$$U(10万円)=\frac{U(15万円)}{(1+r)^{X}}$$

と表す。ここでいうrが年時間選好率である。

他方で、1年後の10万円とY年後の15万円が同じくらい好ましい場合は、

$$\frac{U(10万円)}{1+s}=\frac{U(15万円)}{(1+s)^{Y}}$$

となる。

割引効用理論が想定するように時間選好率が一定（r=s）ならば、X=Y−1となるはずである。しかし、実際には、時間選好率が遅滞時間に対して低下（r>s）する場合、X≠Y−1という割引効用アノマリーが起こり得る。これを専門用語では、時間非整合性とか、定常性公理の破綻と呼ぶ。

言い換えれば、右記問題では、$\frac{X}{Y-1}<1$が予想される。というのも、時間問題1では、

選択肢1は即時的であるから、選択肢2が無差別になるためには、Xは相当小さな数値（たとえば1）が必要である。

他方で、時間問題2では、選択肢は待ち時間1年とすでに遅滞があるので、それくらいなら、多少待ち時間をのばしても、15万円をもらおうと思うから、Yの数値は大きめ（たとえば3）を答える。このとき、$\frac{X}{Y-1}=0.5$である。このような割引効用アノマリーが発生する大きな要因の1つに、現在性を過度に重視する現在性効果が指摘されている。

期待効用アノマリーの有無を測る

次に、我々は、期待効用アノマリーの有無を調査するために、次のような2つの質問を行った。

確率問題1

選択肢1：確実（100%）に、10万円もらえる

選択肢2：確率X%で、20万円もらえる

2つの選択肢が同じ満足となるには、選択肢2の確率X%はどれくらいの大きさです

か。

確率問題2

選択肢1：確率半分（50%）で、10万円もらえる

選択肢2：確率Y%で、20万円もらえる

2つの選択肢が同じ満足となるには、選択肢2の確率Y%はどれくらいの大きさですか。

経済学では、リスク下の選択を考えるさいに期待効用を仮定する。確実な10万円と確率X%の20万円が同じくらい好ましい場合、

$$U(10万円)=\frac{X}{100}\times U(20万円)$$

と表す。ここでは、選択肢1と2の確率を同じ比で割った場合、選好は逆転しないと仮定されている。

たとえば、確率50％の10万円と確率Y％の20万円に関して、

$$0.5 \times U(10\text{万円}) = \frac{Y}{100} \times U(20\text{万円})$$

となる場合、期待効用理論が想定するように、$X=2Y$となるはずである。しかし、実際には、確率比が一定でも選好が逆転することが知られている。つまり、$X \neq 2Y$という期待効用アノマリーが起こり得る。これを専門用語では、等比効果とか、独立性公理の破綻と呼ぶ。したがって、$\frac{2Y}{X}$を期待効用アノマリー指数と考えることができる。特に、右記問題では、$\frac{2Y}{X}<1$が予想される。というのも、確率問題1では、選択肢1は確実であるから、選択肢2が無差別になるためには、$\frac{X}{100}$は相当大きな数値（たとえば0・8）が必要である。

他方で、確率問題2では、選択肢は確率0・5とすでにリスクが高いので、それくらいなら、もっとリスクを冒しても、20万円にかけようと思うから、$\frac{Y}{100}$の数値は小さめ（たとえば0・3）に答える。このとき、$2Y \div X = 0.75$である。このような期待効用アノマリーが発生する大きな要因の1つに、先ほど説明したように、100％という確率を過度に重視する

確実性効果が指摘されている。

2アプローチの架け橋

前節でも説明したように、コンジョイント分析の回答を用いた割引効用モデルと期待効用モデルから時間選好率、危険回避度も合わせて推定した。アディクションに関する2つのアプローチに橋を架けることは可能であろうか。喫煙者と非喫煙者に分けて、アノマリーと衝動性の分析を行おう。

表4－2は喫煙者について、時間割引における割引効用・非割引効用型サンプルそれぞれの時間選好率、リスク割引における期待効用・非期待効用型サンプルそれぞれの危険回避度を掲載している。表4－3は、非喫煙者についても、同様の結果を掲載している。

同じ時間選好率と危険回避度の同時測定方法を用いた我々の研究では、喫煙者のほうが非喫煙者よりも時間選好率が高く、危険回避度が低いことを論証した。したがって、同じことが成り立つことを期待できよう。ただし、ここでは割引効用型の喫煙者と非喫煙者、非割引効用型の喫煙者と非喫煙者に分けて、時間選好率に違いがあるかどうか、分析しなければならない。同様に、期待効用型の喫煙者と非喫煙者、非期待効用型の喫煙者と非喫煙者に分けて、危険回避度に違いがあるかどうか、分析しなければならない。

表4－2　喫煙者のアノマリーと衝動性

(a)時間割引

	割引効用型	非割引効用型
時間選好率	0.0581	0.0903
危険回避度	0.0393	0.0244

(b)リスク割引

	期待効用型	非期待効用型
時間選好率	0.0568	0.0770
危険回避度	0.0121	0.0891

表4－3　非喫煙者のアノマリーと衝動性

(a)時間割引

	割引効用型	非割引効用型
時間選好率	0.0515	0.0567
危険回避度	−0.0654	0.3933

(b)リスク割引

	期待効用型	非期待効用型
時間選好率	0.0504	0.0603
危険回避度	−0.0121	0.1531

仮説1

割引効用型の喫煙者は、同じ型の非喫煙者よりも時間選好率が高いと予想される。

←

調査結果は、割引効用型の喫煙者の時間選好率は6％、同じ型の非喫煙者の時間選好率は5％であり、差は小さいが、その差は統計的に有意であった。

仮説2
非割引効用型の喫煙者は、同じ型の非喫煙者よりも時間選好率が高いと予想される。
←
調査結果は、非割引効用型の喫煙者の時間選好率は9％、同じ型の非喫煙者の時間選好率は6％であり、その差は統計的に有意であった。

まず、時間選好率に関しては、仮説どおりの結果が観察された。しかも、結果の数値を見ると、割引効用アノマリーが発生している非割引効用型のケースにおいて、その差が大きく、したがって有意性が高まることが観察された。

仮説3
期待効用型の喫煙者は、同じ型の非喫煙者よりも危険回避度が低いと予想される。
←
調査結果は、期待効用型の喫煙者の危険回避度は1％、同じ型の非喫煙者の危険回避度はマイナス1％であり、予想とは逆の大小関係が出ており、その差は統計的に有意ではなかった。

仮説4

非期待効用型の喫煙者は、同じ型の非喫煙者よりも危険回避度が低いと予想される。

←　調査結果は、非期待効用型の喫煙者の危険回避度は9％、同じ型の非喫煙者の危険回避度は15％であり、その差は統計的に有意であった。

危険回避度に関しては、仮説4は支持されたが、仮説3は支持されなかった。期待効用アノマリーが発生しているケースにおいてのみ、喫煙者のほうが非喫煙者よりも危険回避度が低いことが観察されたのである。

以上の分析をまとめると、興味深いことに、アノマリーが観察されないグループの喫煙者と非喫煙者の間には、差はあるものの小さいか（時間選好率）、差がないこと（危険回避度）が分かった。

他方、アノマリーが観察されるグループの喫煙者と非喫煙者の間には、時間選好率と危険回避度に顕著な差があることも分かった。要するに、時間選好率が高いとか危険回避度が低いという衝動性と時間・危険のアノマリーの間には強い補完的な関係があり、衝動性が強ければアノマリーが起きやすく、その複合作用としてアディクションにはまりやすくなるのである。

たとえば、時間選好率が高ければ、現在性効果も強まり、その分、アディクションによる目先の満足を重視してしまう。従来、アディクションを説明するアプローチには2つあり、合理的アプローチとアノマリー・アプローチと呼ばれてきたが、それらはどちらか一方しか成り立たないという背反関係ではなく、むしろ互いに補完し合う間柄なのだといえよう。

6　選好の内生的変化

アディクションのサイクル

喫煙のようなアディクションを好む人の時間やリスクの心理性向はせっかちだったり慎重度が低かったり、衝動的と呼ぶことができる。たとえば、喫煙者の時間選好率は高く、危険回避度は低い。また、ニコチン依存度が高いほど、時間選好率が高まり、危険回避度は低くなる。

ところが、禁煙に成功した過去喫煙者の時間選好率は生涯非喫煙者よりも低く、危険回避度も高いのである。この結果は一時点における比較調査だが、非喫煙、喫煙、禁煙というアディクションのサイクルのなかで、経済心理はダイナミックに変化していると推測される。

禁煙を試みる喫煙者を考えてみよう。その経済心理はどのように変化するのだろうか。この場合、2つのシナリオが考えられる。1つは、経済心理が禁煙の成否を説明するというもの、もう1つは、禁煙の成否によって、経済心理が変化するというものである。

このように、禁煙の経済分析には、大変重要な経済学的意味がある。主流派経済学の消費者選択理論は、選好と効用の学問である。そこでは、選択Aと選択Bが2つある場合、選択Aの効用U(A)と選択Bの効用U(B)を比較して、U(A)>U(B)という大小関係がある場合、A≻Bという選好関係が観察される（≻は左が右よりも選好されることを表す）。消費者にいくつかの合理性が満たされる場合、効用の大小関係と選択の選好関係は等値であることを証明できる。

ここで暗黙のうちに仮定されているのが、選好の安定性である。もしも人間の選好が気まぐれで、当てにならないものならば、消費者選択理論の頑健性も疑わしいものとなろう。最近、**内生的選好モデル**（endogenous preference model）が喫煙を説明するモデルとして登場しているが、喫煙行動と選好の変化の関係が実証研究で分かれば、内生的選好モデルへのサポートとなるだろう。たとえば、ある経済学者たちは、個々人の時間選好率が過去の消費水準によって上昇することを主張した。

そこで、我々は、禁煙者を追跡調査し、禁煙開始時点と調査終了時点（禁煙失敗時点または禁煙継続5ヵ月時点）で時間選好率と危険回避度を同時に測定した。もしも禁煙成功と経済心理学パラメータに関連があったり、調査開始時点と調査終了時点で経済心理学パラメータに変化があれば、内生的選好モデルの証左ともなる。

禁煙者を追跡する

禁煙を始めたばかりの者を集め、追跡調査することは並大抵なことではない。これが喫煙の研究に比べて、禁煙の研究が少ないことの理由である。医学分野の研究でも、禁煙者の追跡は多くはニコチンパッチやガムなどの治療効果の判定のための調査である。したがって、禁煙開始者の大多数を占める、医学的なサポートなしに自分で禁煙を行っている人々に対する調査は非常に少ない。

我々の調査は2段階に分けて設計された。第1段階で、スクリーニング調査を行った。Web調査会社にモニター登録する成人日本人8万5900人を対象に喫煙習慣を調査した。そのなかから直近1ヵ月以内に禁煙を開始した854名を抽出（出現率1％）した。その8

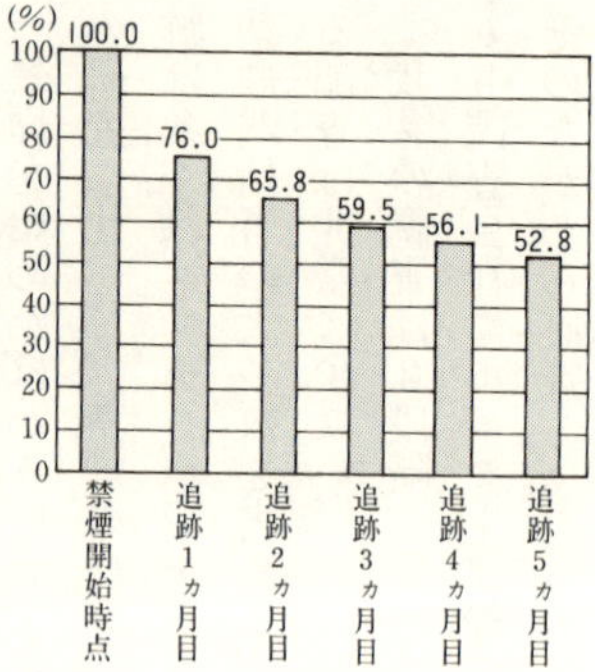

図4－8　調査時点別禁煙成功率

54名を対象に、コンジョイント分析により、時間選好と危険選好を含むアンケート調査を実施した。喫煙時のニコチン依存度を調べるために、喫煙時の状況を回想し、FTNDテストに回答してもらった。生涯喫煙100本未満の喫煙者、アンケート調査の無効回答者を排除し、総計717名の禁煙開始者を得た。

　第2段階で、717名を対象に追跡調査を実施した。5ヵ月間の追跡調査の結果、最終的な有効回答者数は608名となった。喫煙を再開した者に対しては、禁煙失敗時点でコンジョイント分析を含むアンケート調査を実施した。最終的に608名中287名が禁煙に「失敗」した。

　禁煙を継続している者に対しても、5ヵ月間追跡調査終了時点でコンジョイント分析を含むアンケート調査を実施した。最終的に608名中321名が禁煙に「成功」した。禁煙継続率の時間的推移を確認してみよう（図4－8）。禁煙継続率は追跡調査1ヵ月時点で76％に落ちる。しかし、2ヵ月目以降、禁煙失敗率は次第に逓減し、追跡5ヵ月目時点で50％強の水準で安定した。この数字は先行研究ともほぼ一致している。

時間選好率と危険回避度の変化

コンジョイント分析の結果をもとに、時間選好率、相対的危険回避度を計測した。計測された数値は表4－4のとおりである。比較しやすいように、図4－9は時間選好率を、図4－10は危険回避度を箱図で表している。箱図は長方形の下辺が25％値、横棒が50％値、長

表4－4　時間選好率、危険回避度

調査開始時	禁煙成功者	禁煙失敗者
時間選好率（／月）	0.0673	0.0685
相対的危険回避度	0.3175	0.1311

調査終了時	禁煙成功者	禁煙失敗者
時間選好率（／月）	0.0544	0.0804
相対的危険回避度	0.2790	0.0926

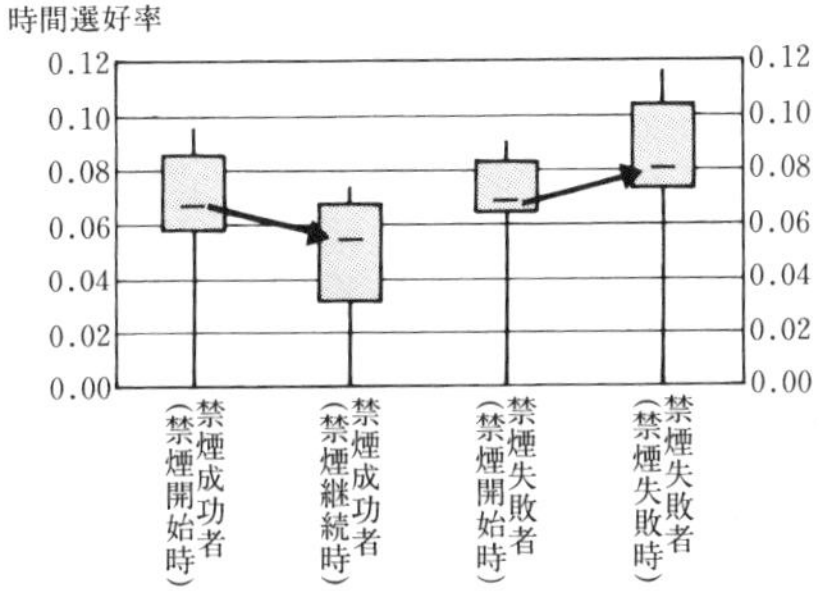

図4－9　時間選好率の変化

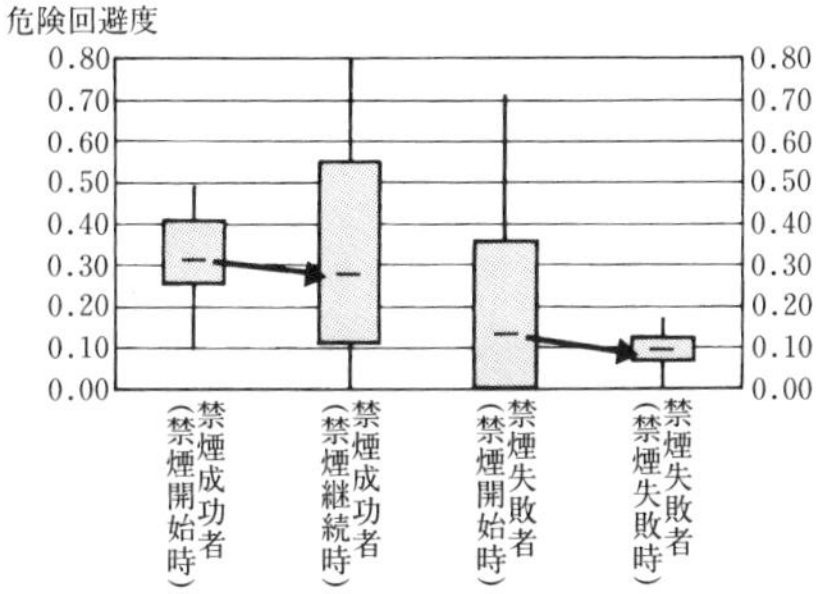

図4－10　危険回避度の変化

方形の上辺が75％値を表している。

図4‐9からは、総じて時間選好率は禁煙成功者のほうが禁煙失敗者よりも低く、禁煙成功者の時間選好率は調査開始時点と調査終了時点の間で下落しているのに対して、禁煙失敗者の時間選好率は上昇しているように見える。図4‐10からは、禁煙開始時点の段階で、禁煙成功者の危険回避度は禁煙失敗者の危険回避度よりも高いように見える。

先行研究では、喫煙者は非喫煙者よりも時間選好率が高く、危険回避度も低いと指摘されている。これは、喫煙が現在の嗜好を満足する代わりに、将来の疾病リスクを高め、将来の効用を低めるという合理的アディクションモデルに整合的な結果である。

さらに、ニコチン依存度が高いほど時間選好率が高く危険回避度が低いという先行研究の発見、あるいは過去喫煙者が最も時間選好率が低く危険回避度が高いという事実は、禁煙行動のステージごとに経済心理学パラメータが変化することを示唆している。これらは、現在の喫煙行動が未来の選好を内生的に形成するので、習慣形成モデルや内生的時間選好率モデルと整合的である。

そこで、我々は、選好の内生的変化に関して次のような2つの仮説を立て、それぞれ検討した。

仮説5

禁煙成功者は禁煙開始時点と禁煙成功時点で選好が変化すると予想される。

←調査結果は、時間選好率に関しては禁煙成功前後で忍耐度が増しているが、危険回避度に関しては禁煙成功前後で統計的に有意な差は観察されなかった。

仮説6

禁煙失敗者は禁煙開始時点と禁煙失敗時点で選好が変化すると予想される。

←調査結果は、時間選好率に関しては禁煙失敗前後で忍耐度が減っているが、危険回避度に関しては禁煙失敗前後で統計的に有意な差は観察されなかった。

2つの結果を吟味しよう。仮説5は、禁煙成功者は禁煙開始時点と禁煙成功時点で時間選好が異なる可能性を示した。5ヵ月間禁煙が継続すれば、身体的・精神的依存から脱却しているとみなしてよい。したがって、タバコが吸えないイライラ感は消失し、喫煙習慣の変化が時間選好の変化に結びついているのかもしれない。

従来の研究は喫煙が時間選好率を高めることを指摘してきた。我々の研究は、禁煙成功が時間選好率を減じることを指摘している。つまり、時間選好率の内生的形成には、喫煙と禁煙の間に逆方向な関係があることが分かった。興味深いことに、危険回避度の内生的形成は統計的に支持されなかった。先行研究でも、喫煙と時間選好率との関係は検出されたが、喫煙と危険回避度の関係は必ずしも確認されていない。

仮説6は、仮説5と同様に、禁煙失敗者は禁煙開始時点と禁煙成功時点で選好が異なる可能性を示した。この場合も変化するのは時間選好率である。以上のとおり、我々の分析結果は、時間選好率に関して、禁煙の成否によって内生的に変化することを示した。

なぜ時間とリスクで答えが違ってしまったのだろうか。鶏と卵の関係のようにアディクションと心理の間の関係は複雑で、解釈が難しい。残念ながら、この問題に対して、今のところ、十分な解答はない。しかし、伝統的な経済モデルは経済心理を安定的なものとしてみなすことが多かった。選好が気まぐれなら、そこから派生する需要も安定しないことになる。消費者経済理論の立場からは選好の不安定性はゆゆしき問題である。ただし、経済心理の変化の方向性にはある種の法則性も観察される。選好の安定性、変化の方向性を詳細に調べることも行動経済学の有望な課題であろう。

7　パターナリズムを越えて

クロスアディクションの罠

アディクションの代表例はタバコ、アルコールや薬物のような物質依存であるが、パチンコや競馬のようなプロセスへの依存もある。他人には無価値なモノへのフェティシズムもアディクションの一種かもしれない。アディクションの怖いところは依存症があることだ。特定の刺激を求める行動を繰り返しすぎた結果、身体的・精神的にその行動の繰り返しから逃れられなくなってしまう。

タバコを好む人は、時間選好率が高く、危険回避度が低いという傾向がある。そこで、アルコールやギャンブルにも同じような経済心理が働くのか調べてみた。結果は興味深かった。パチンコや競馬を好む者には、タバコと同じ経済心理が観察されたが、飲酒者には観察されなかった。アルコールをたしなむとした者は74％いたが、飲酒者のほうが非飲酒者よりも時間選好率が低く、危険回避度が高い。

しかし、飲酒の定義を狭め、毎日飲酒する者に限ると、タバコやギャンブル同様の経済心理が観察された。酒は百薬の長というが、適度な飲酒は精神的にプラスであるものの、行き過ぎた飲酒はアディクションであり、衝動性を高めるのだ。

さて、複数のアディクションを好む者は別のアディクションも好む傾向がある。これを**アディクションの連鎖**（クロスアディクション）と呼ぼう。パチンコをたしなむ者の喫煙率は78％、競馬をたしなむ者の飲酒率は86％とずば抜けて高く、また競馬をする者のパチンコ愛好率も48％と高率であった。

詳細にアディクション間の相関関係を分析すると、非常に相関関係が高いのは、予想どおり、パチンコと競馬、喫煙と飲酒であった。たとえば、パチンコ愛好率が1％上昇すると、競馬愛好率も0・8％上昇する。飲酒率が1％上昇すると、喫煙率は0・3％上昇する。喫煙とパチンコ、飲酒と競馬にも有意な相関が観察されたが、喫煙と競馬、飲酒とパチンコには有意な相関は観察されなかった。ここらあたりは、もう少し詳細な検討が必要であろう。

1つのアディクションがほかのアディクションと複雑に絡み合って、やめたくてもやめられなくなっている。どんどん強い刺激を求めるというアディクションの耐性は1つのアディクションだけではなく、複数のアディクションの渡り歩きにもいえることである。若者の麻薬や覚醒剤《かくせいざい》の使用が社会的な問題になっている。多くの場合、軽い気持ちで始めているという。違法な薬物やギャンブルに手を染める前に、アディクションの連鎖の入り口でストップすることが重要なのである。

自由主義と温情主義

ここまで、アディクションを例にとり、行動経済学から解説してきた。それでは、我々はアディクションについてどのような政策をとればよいのだろうか。個人の選択の自由を重視する立場を**リバタリアン**（自由主義）、為政者が個人の選択の自由を制限してもよいとする立場を**パターナリズム**（温情主義）と呼ぶ。

選択の自由を重視する近代経済学者の多くは、過剰な干渉にもつながりかねないパターナリズムには疑問を呈する。近年、限定合理性という観点から、基本的には選択の自由を尊重しながら、場合によっては選択の初期値に介入することが許容されるという新しい立場——**リバタリアン・パターナリズム**（libertarian paternalism）——が、サンスティン（ハーバード大学ロースクール教授）とセーラー（シカゴ大学ビジネススクール教授）によって提唱されている。

行動経済学では、人々の合理性は限定的であり、どの選択肢を選ぶかは、選択肢の与えられ方によって左右される。これを**フレーミング効果**と呼ぶ。たとえば、50%もの確率で賞金がもらえると説明されるか、50%の確率でしか賞金がもらえないと説明されるかによって、内容は同じであるにもかかわらず、人々の選択の仕方が変わってくるのだ。選択が選択肢の与えられ方に依存する以上、為政者は、人々の選択の自由を認めつつも、彼らが後悔しない選択肢を選ぶように選択肢の与え方を工夫すべきである。これがセーラー教授たちのいう**「誘導（ナッジ）」**である。

タバコを例にとると、喫煙者のほうが非喫煙者よりも、将来の大きな利得を選ぶべきだと思いつつ目前の小さな利得を優先するようなアノマリーが起こりやすい。やめたくてもやめられないのである。リバタリアン・パターナリズムの立場から、タバコの税金を上げたり、喫煙可能エリアを制限したりして、やめたくてもやめられない喫煙者を禁煙に誘導することによって、喫煙者をより後悔のない幸福な状態に誘導する。これがアディクションに対する行動経済学の政策である。

リバタリアン・パターナリズムの可能性

しかし、リバタリアン・パターナリズムにも問題点がある。人々の限定合理性を信奉する立場が、なぜ為政者に対しては合理性を仮定できるのか。政治家や官僚は圧力団体のロビー活動の影響を受けやすいので、為政者といえども最適な行動からは乖離するだろう。これも一種の限定合理性といえよう。そのため、失敗した計画に対する安全装置を作る必要がある。市民も為政者も限定合理的であるがゆえに、お互いの選択の自由への干渉に対する抑止力を持つような仕組みが必要なのである。

日本の国民所得に占める医療費の割合は先進国中最低でありながら、日本人の平均余命は世界最高水準である。国民皆保険によって、日本人の健康は曲がりなりにも守られている。にもかかわらず、現在日本の医療システムは瀕死《ひんし》の状態にあえいでいるといえよう。国民健康保険の未納率は1割、国民年金保険の場合3割と、保険料の未納問題は医療システムを根底からむしばんでいる。

さらに、日本人の死因を見ると、第1位はがんだが、2位は心臓病、3位は脳卒中と、過食や運動不足に起因する生活習慣病が上位を占めている。また、視点を変えれば、多くの急患が救命救急センターから受け入れを拒否され命を落とすこともある一方で、救急搬送された患者の五割は軽症だともいう。国民全体のモラルが低下し、社会全体がやめたくてもやめられない依存症にかかっているようだ。

選択の合理性を基礎におき、理性的な存在として人間をとらえてきた経済学にも、責任の一端はあろう。行動経済学は人間の合理性を限定的と考え、感情や衝動に左右される人間をありのままに直視しようとする。判断を誤る存在としての人間を織りこんだ医療システムの再生が必要である。

こうしたなか、日本政府は二〇〇八年から世界でも珍しい、生活習慣病の予防を目的とする特定健診・特定保健指導の制度を始めた。40歳以上の成人を対象に、腹囲計測のうえ、血圧、血糖、脂質の数値、喫煙歴によってメタボリックシンドローム（内臓脂肪症候群）と予備軍を振り分け、医師や保健師が食事や運動を指導し、生活習慣病の予防を狙《ねら》ったものである。基準が厳しすぎるともいわれているが、狙いは悪くない。特定健診をきっかけにダイエットに取り組んだ人も多いのではないか。

間違いも犯すが、心の持ち方ひとつで変われるのも人間である。正しい情報を提供し、当人にとって望ましい選択とはなにかを知ってもらう健康教育の役割も重要になろう。人々に気持ちよくベターな道を選んでもらうのが、行動健康経済学の腕の見せ所である。

第5章　ゲーム理論と利他性

道ばたで1万円札100枚を拾ったとしよう。私がお金を拾うところを見ていた通りがかりの人に分けてあげるとしたら、いくらまで支払うだろうか。なにも分け前をあげなかったら、その人は誰かにこのことを話してしまうかもしれない。……

こんなケースで人にお金をあげたとしたら、それは純粋な利他性とはいえないだろう。まったく見ず知らずで、なにも弱みも握られていない人に対してほどこすようなことがあり得るのだろうか。

本章では、見せかけの利他性と真の利他性の違いに注意しながら、人間の利他性の摩訶不思議を解説しよう。

1　ゲーム理論の黄金時代

ノーベル賞の常連

ジョン・フォン・ノイマンとオスカー・モルゲンシュテルンによる『ゲームの理論と経済行動』（一九四四年）は経済学を変えた。フォン・ノイマンもモルゲンシュテルンも、ユダヤ人としてナチス政権を嫌い、一九三〇年代にドイツやオーストリアを離れ、アメリカのプリンストン大学にたどり着いたという経緯を持っていた。

ゲーム理論とはなにかについては、日本のゲーム理論の第一人者岡田章の『ゲーム理論』（有斐閣、一九九六年）などに詳しいのでここでは深入りしないが、その経済学に与えた革命的インパクトの大きさは、月並みだがノーベル経済学賞の対象となった業績で数え上げることができる。

ノーベル経済学賞を受賞したゲーム理論関連分野

●一九九四年　ラインハルト・ゼルテン、ジョン・ナッシュ、ジョン・ハーサニ　「非協力ゲームの均衡の分析に関する理論の開拓を称《たた》えて」

図5－1　ジョン・ナッシュ
（*The Essential John Nash*, Harold W. Kuhn and Sylvia Nasar eds., 2002より）

●一九九六年　ジェームズ・マーリーズ、ウィリアム・ヴィックリー　「情報の非対称性のもとでの経済的誘因の理論に対する貢献を称えて」
●二〇〇一年　ジョージ・アカロフ、マイケル・スペンス、ジョセフ・E・スティグリッツ　「情報の非対称性を伴った市場分析を称えて」
●二〇〇二年　ダニエル・カーネマン、バーノン・スミス　「行動経済学と実験経済学という新研究分野の開拓への貢献を称えて」
●二〇〇五年　ロバート・オーマン、トーマス・シェリング　「ゲーム理論の分析を通じて対立と協力の理解を深めた功績を称えて」
●二〇〇七年　レオニード・ハーヴィッツ、エリック・マスキン、ロジャー・マイヤーソン　「メカニズムデザインの理論の基礎を確立した功績を称えて」

ゲーム理論誕生50周年にあたる一九九四年、アカデミー賞受賞映画『ビューティフル・マインド』のモデルともなったジョン・ナッシュたちがノーベル経済学賞を受賞して以降、数年に一度、ゲーム理論に関連した研究分野が栄冠に輝いている。また、ゲーム理論の凄《すご》いところは、経済学に限らず、生物学、政治学、社会学、心理学など幅広い分野にも影響を及ぼし、生物学で独自の発展を遂げた進化ゲーム理論が経済学に逆輸入されるような現象も見られることである。

ゲーム理論の黄金時代

ゲーム理論の経済学に与えた大きな影響を考えるうえで、学問的な世界観の変革をあげることができよう。ミクロ経済学が誕生間もない頃、産業組織論には完全競争理論と独占理論の両極端しかなかった。その中間の不完全競争理論があることにはあったが、独占的な競争状態といういささか矛盾した意味で使われており、複数の企業が戦略的に相互依存し合いながら競争するという寡占理論の登場は、ゲーム理論の援用なくしてあり得なかったのである。

伝統的産業組織論の歴史は、独占規制に重きをおくハーバード学派と市場信奉に重きをおくシカゴ学派の激しいライバル意識によって支えられてきた。しかし、一九七〇年代以降、ハーバード学派でもシカゴ学派でもない第三の潮流であるゲーム理論的産業組織論が誕生すると、またたく間に若き経済学徒の心をとらえた。

ゲーム理論的産業組織論が経済学者の心をとらえたのには、次のような背景があった。伝統的産業組織論は内在的に非整合なところがあった。ハーバード学派は、エドワード・チェンバリン以来、現実の市場が完全競争と独占の中間だと認識していたが、不完全競争を有効に分析するための市場行動論を持たなかった。シカゴ学派は、ジョージ・スティグラー以来、産業組織論がミクロ経済学の一応用分野であると認識していたが、そこで用いるモデルは完全競争と独占の域を出ない素朴なものでしかなかった。

ゲーム理論の静かな革命によって、不完全競争市場の戦略的相互依存性がミクロ経済学的視点から分析されるようになった。かくして、「ゲーム理論の黄金時代」が到来したのである。

2　ゲーム理論の泣き所

囚人のジレンマ

このように圧倒的な成功を収めたゲーム理論であるが、泣き所が1つあった。実際に、実験や観察でゲーム理論の予想を検証したところ、必ずしも的中率が高くなかったのである。最も有名な事例として、いわゆる「**囚人のジレンマ**（prisoner's dilemma）」を取り上げよう。

2人組の強盗が逮捕され、別々に取り調べを受けている。お互いに意思疎通はできない。

表5－1のように、お互いが黙秘すれば、懲役1年で済む。お互いが自白すれば、懲役5年になる。問題は一方が自白、他方が黙秘する場合である。このとき、自白した側は無罪、黙秘した側が懲役10年になるとしよう。このとき、囚人は黙秘すべきか、自白すべきか。相手が黙秘しようと、自白しようと、自分が自白したほうが罪が軽くなるので、どちらも戦略を変えようとはしなくなる**ナッシュ均衡**は両方とも自白することである。しかし、お互いに黙秘したほうが罪が軽くなる。これがジレンマなのである。

表5－1　囚人のジレンマ

		プレーヤー2	
		黙秘	自白
プレーヤー1	黙秘	－1，－1	－10，0
	自白	0，－10	<u>－5</u>，<u>－5</u>

注：左がプレーヤー1の懲役、右がプレーヤー2の懲役

理論的には、これほど明確な予想を与えるにもかかわらず、実験室で試したところ、なかなかこの均衡にはたどり着かない。均衡ではないものの、より望ましい状態が実現する希望を捨てようとはしないのである。

さらに、政治学者ロバート・アクセルロッドが開催したコンピューター・プログラムのトーナメントにおいて繰り返し囚人のジレンマ・ゲームで最も高い得点を上げたのは、しっぺ返し戦略であった。しっぺ返し戦略とは、最初は協力するが、1回でも相手が裏切れば、以後相手の前回の行動と同じ行動をとるというものである。

囚人のジレンマの予想と観察が一致しないので、ゲーム理論家は困った。そこで、たとえ

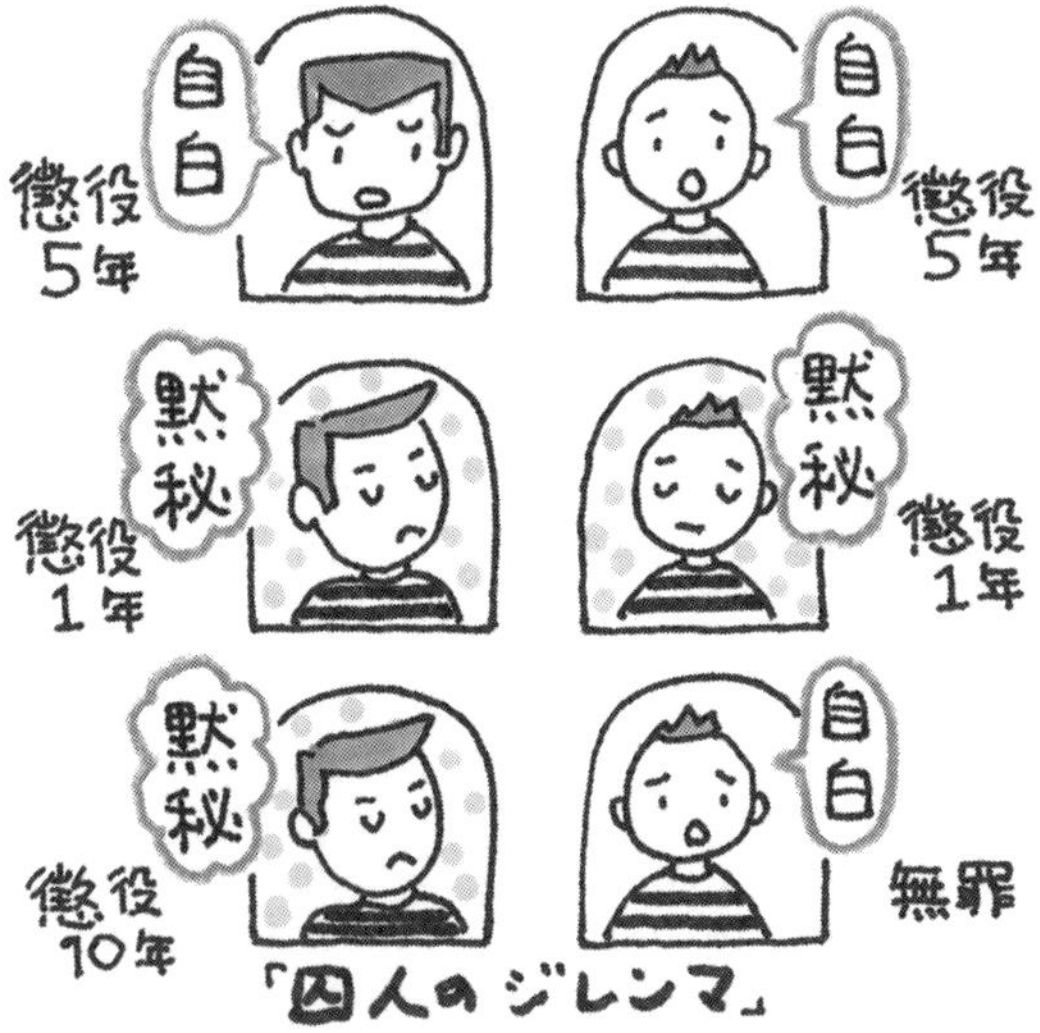

ば、次のような説明を思いついた。繰り返しゲームとは1つのゲームを何度も繰り返して行うものであるが、特に無限回の繰り返しゲームにおいては、協力のような人間行動を説明することができる。これに対して1回限りのゲームにおいては、2人のプレーヤーとも自白するのがナッシュ均衡である。

ナッシュ均衡からの乖離

しかし、実際の人間行動はナッシュ均衡が予想するより協力的であると考えられる。将来の利得に関する割引因子をδとおくと、繰り返し黙秘することの割引利得の総和は$(-1)+(-1)\delta+(-1)\delta^2+\cdots=\frac{(-1)}{1-\delta}$である。これに対して、最初に相手を裏切り自白し、以後お互い自白することの割引利得の総和は $0+(-5)\delta+(-5)\delta^2+\cdots=\frac{(-5)\delta}{1-\delta}$ である。したがって、$\delta \geqq \frac{1}{5}$ である限り、しっぺ返し戦略を用いて協力するほうがナッシュ均衡となる。

確かに、1回限りのゲームを無限回の繰り返しゲームに拡張することによって、囚人のジレンマは解決できる。しかし、依然として問題は残る。実際の経済行動では有限の繰り返し状況は存在するが、無限の繰り返しを想定できる状況はきわめて稀《まれ》である。有限の繰り返しである限り、1回限りの囚人のジレンマ同様、ジレンマは決して解決できないのである。ゲーム理論の根本的な想定の部分でなにか問題があるのではないだろうか。

ゲーム理論の重要な仮定は、①プレーヤーは完全に利己的であり、②完全に合理的であるというものである。人間を完全に利己的、合理的とみなすのもナイーブ、完全に利他的、非合理的とみなすのもナイーブ。人間はそこそこ利己的でもあり、そこそこ合理的でもあるが、完全に利己的、合理的なわけではない。これが行動経済学のとる立場である。

こうした限定利己性、限定合理性から、従来、ゲーム理論だけでは解けなかった問題を解決しようという立場を行動ゲーム理論と呼ぶ。本章では、特に限定利己性の観点から、行動ゲーム理論を解説していこう。

3　利他主義とはなにか

情けは人のためならず

利他主義（altruism）とは、自分への見返りなく、ときには自らの利得を犠牲にしてまで、他者に便宜を図ろうとする行為のことを指す。厳密に、他者の効用が上がることをもって自分も効用を感じるという純粋な利他主義と、他者にほどこすという行為から（他者がそれをどう感じるかとは別に）効用を感じる見せかけの利他主義とは峻別する必要がある。

ことわざにいう「情けは人のためならず」。情けは人のためでなく、自分のためになるからほどこすのであろうか。人間だけではない。チスイコウモリも血を吸い損なった仲間のコウモリのために血を分けるというが、血を吸い損なった仲間に血を分けることは一種の相互扶助の仕組みであり、めぐりめぐって自分をも利することになる仕組みになっている。仲間から血を分けてもらったにもかかわらずお返しをしないでいると、村八分になるところなど人間くさい。

見せかけの利他性と関連するのは**互酬性**（reciprocity）である。自分が利他的に振る舞えば、相手も利他的に振る舞い、その結果めぐりめぐって自分も利されるだろうという期待のことをいう。互酬性は単に結果の不平等のみならず、行為の意図にもかかわる。悪気がなければ結果的に不平等になっても不公平とは思わないが、そこに悪意が存在すると、強い不当性を感じるだろう。負の互酬性とは、たとえ短期的に自らの効用を引き下げることがあっても、「目には目を」の精神で悪意のある他者に対して報復をすることを指す。

純粋な利他主義

見返りを求めない、純粋な利他主義とはどのようなものだろうか。見ず知らずの小さな子供がよちよちと車道に出そうになれば、誰もがはっとして止めに走るだろう。だが、向こうから大型車が走ってきて、今無理をしてでも助けに走れば自らも事故に巻きこまれてしまうリスクを冒すことになる場合ならどうだろうか。多くの場合、そこまでして他人を助けようとはしないかもしれない。

なかには実際にそのような行動をとって、自らの命を落とす人もいる。そのような報道記事を見ると、強い衝撃を受けてしまう。自分ならいったいどういう行動をとっただろうかと自問自答し、深刻な気分に沈んでしまう。二〇〇一年一月に、東京都新宿区のJR新大久保駅で酒に酔ってホームに転落した人を助けようとして、勇敢にも自ら線路に入り、事故に遭い亡くなった韓国人留学生李秀賢さん（当時26歳）と日本人カメラマン関根史郎さん（当時

47歳）は利他主義に殉じた勇士であった。

1つの例を引いて考えてみよう。表5－2はゲームの利得行列が与えられている。しかし、通常のゲームと異なるのは選択肢を選べるのはプレーヤー1だけであり、プレーヤー2はプレーヤー1の選択によって利得が自動的に決まる。プレーヤー1にとって、(a)は自己犠牲のない場合、(b)は自己犠牲のある場合である。(a)でも、(b)でも、プレーヤー1の利得は選択肢

表5－2　利己主義と利他主義

(a)自己犠牲のない場合

		プレーヤー2
プレーヤー1	選択肢1	6，5
	選択肢2	5，1

(b)自己犠牲のある場合

		プレーヤー2
プレーヤー1	選択肢1	6，1
	選択肢2	5，5

注：左がプレーヤー1の利得、右がプレーヤー2の利得

1で6、選択肢2で5と共通している。異なるのはプレーヤー2の利得であり、(a)では選択肢1で5、選択肢2で1、(b)では選択肢1で1、選択肢2で5となっている。

実際、回答者に選択をさせる場合、(a)でプレーヤー1になった人は100％選択肢1を選ぶ。その結果、プレーヤー1も、プレーヤー2も利得が高くなるという意味で最善である。(b)では、74％の人が選択肢2を選んだという。

これは、通常の経済学では説明がつかない。自分の利得を下げてでも、相手の利得の多いほうを選んでい

るのである。この場合、利他的行動を通して、将来の見返りを期待できるわけではない。にもかかわらず、プレーヤー1は自分の利得を下げてでも、プレーヤー2の利得が不平等になることを避けようとするのである。これは純粋な利他的行動といえるだろう。

4　最後通牒ゲームに見る利他性

最後通牒ゲームとは

利他性と互酬性に関して、深い洞察を与えてくれるのが、最後通牒《つうちょう》ゲーム（ultimate bargaining game）である。最後通牒ゲームでは、まず、提案者（P）が受諾者（R）に対して、一定の持ち分（たとえば10万円）のうちの一部（たとえば2万円）を譲与することを申し出る。次に、RはPの申し出を拒否することができる。RがPの申し出を拒否した場合、RもPもなにももらえず、ゲームは終了する。そうでなければ、申し出どおり、ゲームは終了する。

このゲームのナッシュ均衡は、Pは最小単位の金額（たとえば1円）を申し出て、Rはなにももらえないよりは Pの申し出を受諾するというものである。このとき、Pは9万9999円を獲得し、Rは1円を獲得することになる。ゲーム理論がこのような予想を立てるのは、ゲーム理論が想定するプレーヤーは利己的で、分配の不平等性は意に介さないからである。しかし、本当に、ＲはＰの申し出を受け入れるだろうか。Ｐの申し出はあまりに不平等で一方的であると感じるのではないだろうか。そのような予想も実際には成り立つ。最後通牒ゲームに関しては、非常にたくさんの実験が行われ、次のような結果が確認されている。

最後通牒ゲームの結果

●ＰからＲへの申し出の60％から80％は、持ち分の０・４から０・５の比率の範囲である。たとえば、10万円の持ち分のうち、自分の取り分は５－６万円で、相手の取り分は４－５万円というのである。

●ＰからＲへの申し出のなかに、０・２以下の比率の譲渡はほとんどない。

●Ｒは低い比率の譲渡をしばしば拒否し、特に０・２以下の比率の譲渡はほとんど拒否する。

最後通牒ゲームでは、ゲーム理論の予想が完全に否定された。しかし、この最後通牒ゲームの結果が、すぐにそのまま利他性の存在証明になっているかというと、そういうわけでもなさそうである。Ｐは低い比率の申し出をするとＲに拒否されることを怖れているのかもしれない。これは分配の平等性への配慮ではなく、あくまで自分の取り分がゼロになることを怖れているわけである。したがって、最後通牒ゲームの結果は必ずしも利他性を指し示すとは限らず、利己性の巧妙な戦略とも考えられる。

そのほか、最後通牒ゲームのPの申し出に確率的ノイズを入れたり、あるいはPを人間の代わりにコンピューターに置き換えてしまうと、Rの受諾率は大幅に向上するということも知られている。この結果から察する限り、Rが憤りを感じているのは、不平等という結果そのものではなくて、結果の不平等を引き起こす相手のよこしまな意図にあるようである。

独裁者ゲームとは

それでは、もしもRがPの申し出を拒否できなくなると結果はどうなるであろうか。これを**独裁者ゲーム**（dictator game）と呼ぶ。PはもはやRによって自分の申し出が拒否されることを怖れずに分配を決めることができる。したがって、Pが利己的であるならば、ゲーム理論の予想どおりの結果となるだろう。

独裁者ゲームの結果

独裁者ゲームでは、ゲーム理論の予想以上の平等な分配が見せかけの利他性に基づくのか、純粋な利他性に基づくのか判断できる。結果として、PからRへの申し出の比率は大幅に下がるのであるが、決してなくなるわけでもない。分配率は平均して0・2程度である。

最後通牒ゲームから独裁者ゲームに変わると、PからRへの分配が大幅に減る。したがって、最後通牒ゲームでは、Pは純粋な利他心だけで平等主義的な分配を申し出ているわけではなく、Rの拒否を通じて自分の利得が失われるのを怖れていたということが分かる。しかし、だからといって、独裁者ゲームにおいて、決してPからRへの分配がなくなるわけでもない。互酬性がきかないような状況でも、平等な分配への気配りもそれなりに残っているのである。以上の結果から結論できることは、人間の一見利他的に見える行動は、半分は互恵主義的見返りを求めた見せかけの利他性であり、残りの半分は純粋な利他性に根ざしているということである。

なお懐疑主義者はいうだろう。独裁者ゲームで純粋な利他性に見えるような部分も、よく仕分けていけば、実は利己主義に還元されてしまうのではないか。たとえば、独裁者ゲームではRの拒否権はないといっても、同じ実験室で実験者の知らないところで顔なじみになっていたり、同じ実験室にいること自体が一種の連帯感を生んでいるのかもしれない。

実際に、独裁者ゲームでも、親友や家族のような自分にとって親近感がある存在であればあるほど申し出の比率が高くなる傾向にあること、提案者が受諾者の写真を見るだけで申し出る分配率が上がるといったことが知られている。

さらに、南米の発展途上国の被験者では利己性が強く見られたのに、アメリカのような先進国では利他性が強く見られるなど、文化や発展の違いが利他的行動に影響することも知られている。このように行動ゲーム理論から見た利他性の研究はいまだ始まったばかりであり、まだまだ分からないことばかりである。今後の研究の発展が待ち望まれる分野なのである。

5 不平等回避モデル

多様な利他性

人が抱く満足や不満は、当人の絶対的な利得ではなく、他者と比較した相対的な利得によるという考え方を、アメリカの社会心理学者のロバート・キング・マートンは**相対的剝奪《はくだつ》論**と呼んだ。

たとえば、第二次大戦中、アメリカの航空隊では憲兵隊より昇進が早いにもかかわらず、航空隊の兵士は憲兵隊の兵士よりも昇進に関してより多くの不満を持っていた。昇進の遅い憲兵隊では自分と同程度の教育レベルでありながら自分より地位が下の兵が8割もいて、優越感を感じていたが、昇進の早い航空隊では自分と同程度の教育レベルで同レベルの地位に留《とど》まっている兵が半分しかおらず、そのことに対して不満を感じていたのだという。

経済学でも、見せかけなのか純粋な動機なのか識別できないものの、ゲーム理論が想定していたよりも多種多様な利他性が人間の行動に影響を及ぼしていることが分かる。

罪悪心モデルと嫉妬心モデル

こうした利他性を経済モデルのなかに反映させるような取り組みもまだ数は少ないものの、いくつか知られている。代表的なモデルは不平等回避モデルと呼ばれる。平等や分配の経済分析に多大な貢献を残してきたエルンスト・フェアとクラウス・シュミットは、次のようなモデルを考えた。

自分の効用U_iが自分の利得X_iだけに依存するならば、$U_i(X_i)$と書くことができる。これは、通常経済学が仮定する利己的な効用関数であり、自分の効用は他人の利得に依存しないことを意味する。

しかし、最後通牒ゲームや独裁者ゲームの実験結果が示唆するように、自分の効用には他人の利得も影響するようである。特に、自分の利得と他人の利得の差が重要なのである。自分の利得X_iと他人の利得X_jの差$X_i - X_j$を不平等と呼ぼう。

もしも$X_i - X_j > 0$であるならば、自分の利得のほうが他人の利得よりも大きい。自分の利得のほうが他人の利得よりも大きいときに、自分の効用が低下する場合、不平等に対して「**罪悪心**」を感じるということができる。また、自分に有利な不平等が大きければ大きいほど、自分の効用が低下するように定式化したモデルを罪悪心モデルと呼ぶ。

逆に、もしも$X_j - X_i > 0$であるならば、他人の利得のほうが自分の利得よりも大きい。他人の利得のほうが自分の利得よりも大きいときに、自分の効用が低下する場合、不平等に対して「**嫉妬《しっと》心**」を感じるということができる。また、自分に不利な不平等が大きければ大きいほど、自分の効用が低下するように定式化したモデルを嫉妬心モデルと呼ぶ。2つの不平等回避モデルはBOX5－1で詳細に論じる。

このような不平等回避モデルの適用可能性は大きい。たとえば、X_jを社会の平均的利得水準と考えれば、自分が社会的平均よりも高いときに居心地悪さを感じ、自分が社会的平均よりも低いときには嫉妬心を感じる中流志向モデルになる。人間は社会的な動物であるが、どのような参照基準を心中に抱くかで罪悪心や嫉妬心の感じ方が異なってくる。このような参照基準は文化的、社会的背景に大きく依存するので、一般化することは困難であろう。さまざまな実証研究を積み重ねていくことが必要である。

BOX 5－1　不平等回避モデル

まず、罪悪心モデルから説明しよう。効用関数を

罪悪心モデル

$U_i(X_i, X_j) = X_i - \alpha(X_i - X_j) \cdots\cdots \quad X_i - X_j > 0$

とおく。このとき、$\alpha > 0$ ならば、自分の相対的有利度が高ければ高いほど、自分の効用が低下することを表す。つまり、α は自分に有利な不平等を回避する程度、つまり罪悪心を表している。

次に、嫉妬心モデルを説明しよう。もしも $X_j - X_i > 0$ であるならば、他人の利得のほうが自分の利得よりも大きい。このとき、効用関数を

嫉妬心モデル

$U_i(X_i, X_j) = X_i - \beta(X_j - X_i) \cdots\cdots \quad X_j - X_i > 0$

とおく。このとき、$\beta > 0$ ならば、相手の相対的有利度が高ければ高いほど、自分の効用が低下することを表す。つまり、β は自分に不利な不平等を回避する程度、つまり嫉妬心を表している。

興味深いのは、罪悪心を表す α と嫉妬心を表す β のどちらが大きいかである。これに関しては、実証研究の結果を待たねばならないが、一般的な常識から考えれば $\beta > \alpha$、つまり嫉妬心のほうが罪悪心よりも強いと考えるほうが妥当だと思われる。

6　経済学における利他性

社会厚生関数

経済学における利他性は鬼胎《きたい》（心中ひそかに抱く怖れ）のようなものであった。繰り返すまでもなく、経済学の父アダム・スミスは神の見えざる手のメカニズムによって私益の追求が公益に転じると考えていたわけではない。スミスは、他者の心を想像する共感こそ、資本主義を支えるに必要な個と個をつなぐ紐帯《ちゅうたい》と考えていた。

近代経済学が分配の問題に対して無関心であるというのも明らかに誤解である。マーシャルの創始によるケンブリッジ経済学の本流を継ぐアーサー・ピグーは厚生経済学という学問を創設し、国民所得を一定とした場合、富者から貧者への所得の分配は経済厚生を増加させるという有名な厚生経済学の第二命題を提唱した。最大多数の最大幸福を論じたジェレミ・ベンサムの功利主義と根は同じである。

そこで、あらかじめ想定されていたのは、貧者の所得の限界効用は富者の所得の限界効用よりも高いという効用の個人間比較の可能性である。ここでは、単純に1と2の2人だけからなる社会を考え、両者の効用関数を$U(X_1)$、$U(X_2)$としよう。$X_1>X_2$とすれば、1が富

者、2が貧者である。社会厚生関数を効用関数の和と考え、

ピグー＝ベンサムの社会厚生関数

$$W(X_1,\ X_2) = U(X_1) + U(X_2)$$

とおこう。限界効用逓減の法則を仮定すると、二階微分が負（$U'' < 0$）だから、貧者の限界効用は富者の限界効用よりも大きい（$U'(X_2) > U'(X_1)$）。したがって、一定量を富者から貧者へ所得移転することによって、社会厚生は向上するのである。

しかし、このような厚生経済学の効用の個人間比較は非科学的と厳しく断罪され、ライオネル・ロビンズたちは、個人間で比較不可能な序数的効用関数のみを基礎において新しい厚生経済学を構築しようとした。

そこで採用されたのが、ある人の効用の増加がほかの人の効用を下げることがない場合のみ社会厚生的に優れるというパレート基準である。新厚生経済学者たちの学問的立場は厳格で厳密なものであったが、野菜くずで超一流の料理を作ることが無理なように、現実の経済学上の問題の解決にはあまり役に立たない学問でもあった。

アローの不可能性定理

そのことを雄弁に物語る事例が、142ページで述べたケネス・アローの不可能性定理である。不可能性定理は、突き詰めていってしまえば、個人間で比較できない序数的効用関数からは民主的な社会的選好関係を導くことはできないことを我々に教えている。弱い仮定からは弱い結論しか出てこないのである。

旧厚生経済学は個人間で比較可能な基数的効用関数を仮定していたがゆえに、非科学的ながらパワフルな学問であった。他方で、新厚生経済学は個人間で比較不可能な序数的効用関数のうえに構築されているがゆえに、科学的ではあるが陰鬱《いんうつ》な学問になってしまったわけである。

個人間の比較不可能性をそのままに、序数的効用関数を基数的効用関数に置き換えてみよう。このとき、アローの不可能性定理は変わらない。序数的効用関数をそのままに、効用の個人間比較を仮定しても、やはりアローの不可能性定理は変わらない。それでは、旧厚生経済学のように個人間比較可能な基数的な効用関数を仮定したらどうなるだろうか。

このとき、はじめて、アローの不可能性定理は、アローの可能性定理となり、民主的な社会的厚生関数を導くことができるようになるのである。ゲーム理論が仮定する期待効用関数は基数的効用関数であるが、依然として、効用の個人間比較可能性は仮定されていない。したがって、現代経済学は、いまだ社会厚生関数の復権を果たし得ていないともいえよう。

厚生経済学の復権

厚生経済学の復権を掲げるネオ厚生経済学は、効用の個人間比較をそのまま受け入れるのではないやり方で、どのように厚生経済学的問題意識のルネッサンスを図るかという方向で議論されている。非常に難しい問題であるが、避けられない道程でもある。そうした息吹の一端は、日本を代表する厚生経済学者鈴村興太郎の薫陶を受けた後藤玲子の労作『正義の経済哲学』（東洋経済新報社、二〇〇二年）などからうかがい知ることができる。

アメリカの倫理哲学者ジョン・ロールズは、一九七一年に出版された『正義論』において、自分と他人の能力や立場に関する知識をまったく持っていないような無知のベールに覆われた仮想的原初状態では、最悪の状態に陥ることを最大限回避しようとするはずだから、最も不遇な立場にある人の利益を最大にするように不平等回避すべきだと論じた。ロールズは、効用の個人間比較という論点を避けながら、無知のベールのなかで他者の不遇を我が身に置き換えるという操作を通じて、利他性を復権しようとしたのだといえよう。

一九九八年にノーベル経済学賞を受賞したインド出身の倫理経済学者アマルティア・センは、他者の目的や境遇に共感を抱き、コミットメントを行うような資質を人間に対して想定

図5－2　アマルティア・セン（写真提供・読売新聞社）

し、飼いならされた主婦、あきらめきった奴隷のような社会的弱者でも潜在能力を発揮し、社会参加すべきことを主張した。センは、主観的な効用ではなくて、人間にとって共通性の高い機能性に着目し、潜在能力の発揮という観点から、社会福祉の共役可能性を回復しようとしたのだといえよう。

こうした偉大な倫理哲学者、倫理経済学者の知的格闘が現代経済学の共通の財産となるところまではまだ到達していない。しかし、今後、脳機能の解明や遺伝科学の発展によって、人間の共通部分にあたる間主観的な領域の発見、他者を思いやる社会的選好の生物学的基礎づけなどが行われるかもしれない。つまり、空想的な利他主義が科学的な利他主義に取って代わられる可能性もいつか生まれるかもしれない。

我々経済学者は今手元にある貧弱な食材に絶望し、新たなる料理メニューの開発を怠るのではなく、新鮮な食材が届き次第、三つ星の料理ができるようにせっせと腕を磨くのも大切ではなかろうか。時間選好、危険選好に比べれば、社会選好の解明は遅れている。しかし、そこには、豊かな未来の可能性が残されているということかもしれない。

第6章　行動経済学の挑戦

ここまで、生身の人間は伝統的経済学が想定してきたようなホモエコノミクスとはずいぶん異なることを説明してきた。しかし、なぜアノマリーが起きるのかについて、十分な説明をしてこなかった。

本章では、人間の限定合理性の起源を進化心理学的な観点から掘り起こし、さらにはその生理学的な知見を最近の脳科学の動向なども踏まえて解説していこう。

1　行動経済学の合理性

2つの合理性

行動経済学では限定合理性を出発点とする。限定合理性とは、一九七八年のノーベル賞経済学者サイモンの提唱した概念で、人間の意思決定には知識と計算能力の限界があるということである。伝統的な経済学は、ホモエコノミクスを仮定してきた。そこでは、全知全能の経済主体が効用の最大化問題を解くことが想定されている。

しかしながら、現実の我々の経済行動では、不確実な未来を予見し、湧《わ》き上がる感情をコントロールできるとは思えない。学問の世界の完全合理性と現実の世界の限定合理性のギャップをどのように把握すればよいのだろうか。

二〇〇二年のノーベル賞経済学者カーネマンとその同僚は、人間の限定合理性に光を当て、ホモエコノミクスを前提とする主流派の経済学が無視してきた心理学的側面の発展に貢献した。そこで、彼らが提唱した概念がヒューリスティクスであった。ヒューリスティクスとは、簡便な問題解決法という意味である。

たとえば、第1章で説明したように、人間が最終的な解答を得る過程で、初期情報に依存

BOX 6－1　割引効用理論の規範的合理性と記述的合理性

割引効用理論が成り立つために必要とされる規範的合理性は、時間定常性である。待ち時間が t、利得が x の組み合わせを (t, x) としよう。時間定常性とは、$(t, x)\sim(s, y)\Leftrightarrow(t+c, x)\sim(s+c, y)$ として表される（～は左と右が無差別であることを表す）。たとえば、現在の10万円と3年後の20万円が無差別であるならば、それぞれに5年を付け足して、5年後の10万円と8年後の20万円も無差別である。

しかし、実際には、$(t, x)\sim(s, y)$ にもかかわらず、$(t+c, x)\prec(s+c, y)$ という記述的合理性がよく観察される（≺は左よりも右が望ましいことを表す）。たとえば、現在の10万円と3年後の20万円が無差別であっても、5年後の10万円よりも8年後の20万円のほうが選好されるのである。

このような割引効用理論の規範的合理性と記述的合理性の乖離は、割引率が遅滞時間に伴い低下する性質として解釈され、現在の利得を特に重視する傾向は現在性効果とも呼ばれる。

し、出発点から目標点の間に十分な調整ができないことを表す係留効果、人間が判断するさいに論理や確率に従わず、サンプルAがサンプルBにどのくらい似ているかという基準に依存してしまう代表性効果、心に思い浮かびやすい事象に過大な評価を与えてしまう想起しやすさ効果などがよく知られている。

リスク下と時間上の意思決定問題を例にとりながら、完全合理性と限定合理性のギャップを規範的合理性と記述的合理性のギャップと言い換えてみよう。

規範的合理性とは、ある理論が成立するために経済主体が満足するこ

BOX 6－2　期待効用理論の規範的合理性と記述的合理性

期待効用理論が成り立つために必要とされる規範的合理性は、独立性公理である。確率がp、利得がXの組み合わせを（X, p）としよう。独立性公理とは、$(X, p; Y, 1-p) \sim (X, q; Y, 1-q) \Leftrightarrow (X, Cp; Y, C(1-p)) \sim (X, Cq; Y, C(1-q))$として表される。たとえば、確実な10万円と確率50％の30万円が無差別であるならば、それぞれの確率を半分にして、50％の10万円と25％の30万円も無差別である（Cは定数）。

しかし、実際には、$(X, p; Y, 1-p) \sim (X, q; Y, 1-q)$にもかかわらず、$(X, Cp; Y, C(1-p)) \prec (X, Cq; Y, C(1-q))$という記述的合理性がよく観察される。たとえば、確実な10万円と50％の30万円が無差別であっても、確率50％の10万円よりも25％の30万円のほうが選好されるのである。

このような期待効用理論の規範的合理性と記述的合理性の乖離は、無関係な選択肢が選好に影響する性質として解釈され、確実な利得を特に重視する傾向は確実性効果とも呼ばれる。

とが必要とされる合理性のことであり、理論が有用であったり、精緻《せいち》であったりするために、いわば理論側から成立が待ち望まれる願望であり、必ずしも現実の経済主体の行動の観察から支持された合理性ではない。

それに対して、記述的合理性は、実際の経済行動の観察から広く妥当することが認められた合理性のことである。BOX6－1では割引効用理論の規範的合理性と記述的合理性、BOX6－2では期待効用理論の規範的合理性と記述的合理性について詳細に論じている。

進化論的合理性

規範的合理性と記述的合理性はなぜ乖離するのだろうか。1つの解釈は人間が愚かだからというものである。認知能力に限界を認め、人間の行動には誤謬《ごびゅう》が伴うという立場もその一種である。

もう1つの解釈として、**進化論的合理性**（evolutionary rationality）がある。自然淘汰の過程で進化してきた脳の複数の機能の葛藤が規範的合理性と記述的合理性の乖離をもたらすのではないか。

たとえば、大脳辺縁系が支配する恐怖や感情というシグナルは、かつて人類が原始的な危険に晒《さら》されていたときに有効に機能したヒューリスティクスだったのだが、文明の発展に伴い、必ずしも型どおりの機能が必要とされなくなった今でも、脳内に刻印されたまま残っていると考えられる。大脳新皮質を中心とする理性的な経済計算よりも、辺縁系の感情が優先するために、規範的合理性と記述的合理性の乖離が発生するのではないだろうか。以下で、進化論的合理性について検討しよう。

2　ソマティック・マーカー仮説

進化心理学

自然淘汰の結果として、生物は、食物の獲得、捕食者の忌避といった外部環境への適応を繰り返しながら進化してきた。このような進化を通して、現在の我々の身体と心は、我々の祖先が生存するのに有利だった機能の痕跡《こんせき》を留めていると考えられる。個体または種として生存に有利な身体と心の機能は進化論的に合理的なのである。

しかしながら、原始生物から人類に至るまでの進化の過程はしばしば不連続であるから、あるときの適応と別のときの適応が同じ機能を必要とするとは限らない。ときには、適応の結果であるはずの機能同士が葛藤し、総合的に判断して効率的ではないほうの機能が作動してしまうかもしれない。こうした進化のメカニズムから、人間の心理と行動を理解しようとする学問を進化心理学と呼ぶ。

ここで、我々が注目したいのは、経済行動における感情の役割である。理論的に必要とされる規範的合理性が破綻する理由を理解するためには、伝統的経済学が軽視してきた感情の役割に注目しなければならない。これについて進化心理学では、感情の進化論的合理性に注目し、感情反応が自然淘汰によって遺伝的に埋めこまれてきたものであると考える。

アントニオ・ダマシオは『感じる脳――情動と感情の脳科学：よみがえるスピノザ』（田中三彦訳、ダイヤモンド社、二〇〇五年）のなかで、意思決定にさいして身体感覚が重要な役割を果たすという学説を展開した。恐怖や不安は人間の基本的感情であるが、それらは危険を減らしたり、生存に有利に働いたりするように、人間の行動を方向付けるのだという。ダマシオは、これを**ソマティック・マーカー仮説**という。

ソマティック・マーカー仮説

●ソマティック・マーカーという、情動から生み出された感情が、自動化されたアラームとして機能し、多数の行動オプションのうち不都合な選択肢をふるい落とし、効率的に少数の選択肢を選択できるようにしている。

●たとえば、怖いものを見ると身体変化（情動）が生じ、その後に怖さの感情が生じる。そして、怖さという感情によって行動が効率的に絞りこまれる。我々はとってしまった行動に対して、後からもっともらしい理屈づけをこしらえる。

ソマティック・マーカー仮説で重要な機能を果たしているのが、図６－１で黒く塗られた

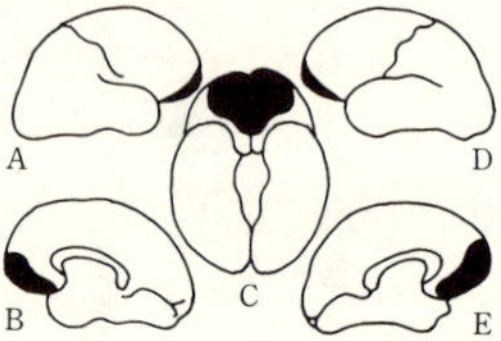

図6－1　ソマティック・マーカー仮説　黒く塗りつぶした部分が前頭葉腹内側部。Aは脳を右の側面から、Dは左の側面から見たもの。Cは脳を真下から見たもので上が前方。B、Eは左右の脳を中心で2つに割ったそれぞれ右側（B）と左側（E）（財団法人東京都医学研究機構HP　http://www.tmin.ac.jp/medical/09/frontal3.html）

前頭葉腹内側部である。この部位はいろいろな感覚情報を受け取る部位であるとともに、扁桃核《へんとうかく》を中心とした大脳辺縁系と結びつき、外的刺激と情動を結びつけている。この部位に損傷を受けると、リスクに対するアラームがオンにならず、通常の人間なら決して近づかないような危ない橋を平気で渡ってしまう。

ソマティック・マーカー仮説だけの傍証ではないものの、脳機能と人格の関連を示唆する有名な事例はフィアネス・ゲージと呼ばれる人物である。一八四八年九月十三日、鉄道建設作業の現場監督だったフィアネス・ゲージは25歳のとき、アメリカのバーモント州の小さな町で工事現場の仕事をしていたが、誤爆のために、長さ109センチ、太さ3センチ、重さ6キログラムの鉄棒が前頭葉を貫通するという事故に遭った。

その後、ゲージの性格は一変し、以前は有能な現場監督であり、皆から信頼されていたのに、事故後は気まぐれで非礼で移り気でいい加減な人間になってしまった。友人は、彼のことを「以前のゲージではない」と噂《うわさ》したという。似たような事例は多数報告されている。

人間の暗闇《くらやみ》に対する本能的恐怖は、私たちの遠い祖先がかつて遭遇した危険の記憶を示すソマティック・マーカーとして解釈可能である。暗闇に対する恐怖によって、我々は胸がどきどきし、足ががたがた震え、恐怖を感じるだろう。考えてみれば、睡眠の1つの機能は、暗闇では捕食者に襲われる危険性が高いので、生命の危険を冒してまで、夜に活動するべきではないという進化論的に合理的な戦略なのかもしれない。

また、恐怖や不安に駆られると、ノルアドレナリンが放出されるが、ノルアドレナリンは血液の凝固を促進し、出血を止め、心臓の鼓動を速め、肝臓にグルコースを放出し、逃走や闘争のためにエネルギーを集中的に消費することを可能にする。我々が火事場の馬鹿力を出すことができるのは、進化論的に合理的なソマティック・マーカーがオンになるからである。

進化と文明

しかし、人間は、火や電気を用いて暗闇を物理的に克服してきた。文明の力である。ネオン溢《あふ》れる現代の都市において、暗闇というのはほとんど存在しないし、存在するとしても夜道で猛獣に襲われるような危険ははるかに少なくなっている。そうした環境では、暗闇への恐怖はかつては有用でありながら、現在では有用性が低くなった機能の残照といえよう。つまり、1つの機能の進化論的合理性は時代とともに変遷し、かつては進化論的に合理的であったものが、環境の変化とともに進化論的に非合理になってしまうこともある。期待効用アノマリーも、こうした進化論的合理性の見地から解釈可能である。規範的合理性としての独立性公理は、期待効用を最大化するという仮説とそれを用いたゲーム理論からの理論的要請である。

しかし、そうした規範的合理性が破綻するのは、損失を嫌う性向とか、確実性を好む性向による。そして、規範的合理性から逸脱した行動を選択するさいに、規範的合理性が持つ理論的意味を考慮する必要性は理論経済学者当人を除けばほとんどないだろう。

つまり、規範的合理性から逸脱する心理性向は、理性的な判断よりも先だって、瞬時に我々の行動を導くようなソマティック・マーカーによって支配されているのである。

いわば、感情が理性よりも先だつ。このように考えるならば、我々は、従来の経済学が経済行動における感情の果たす役割を無視してきた報いを受けているのだといえよう。また、規範的合理性と記述的合理性の乖離こそ、理性的判断だけでは説明のできない感情の役割の証左とも考えられる。

3　ニューロエコノミクス

脳科学の発展

行動経済学の分野では、アノマリーを単なる誤謬ではなく、生理学的に根拠のある帰結であると考える。近年、f-MRI（functional Magnetic Resonance Imaging：機能的核磁気共鳴画像）をはじめとする新しいニューロイメージング装置が開発され、脳の働きのマッピング（地図化）が可能になっている。

f-MRIは、一九九〇年にベル研究所の研究者小川誠二らによって発明された。脳は臓器のなかで最も多くの酸素を消費するので、脳の活動が活発になると、酸素と結合したヘモグロビンの供給が増える。酸素と結合したヘモグロビンと、組織に酸素が取りこまれた後のヘモグロビンは磁性が違うため、その磁性の違いを信号として検知し、画像として再構成したのがf-MRIである。

こうした新しい技術を用いて、経済学と脳科学を融合する新しい学問分野を**ニューロエコノミクス**と呼ぶ。慎重な行動と衝動的行動は脳の異なる部位が関係することが分かるなど、脳機能の理解が少しずつ深まってきている。

たとえば、1人の人間でも、慎重な行動と衝動的な行動が共存することが観察され、**個人内葛藤**（inner-manual conflict）と呼ばれている。人間の脳は長い進化論的な過程のなかで発達してきたわけであり、脳の異なる部位では、異なる行動原理が働くとしても不思議ではない。最近の脳科学の知見では、脳のなかでは、複数の行動原理が統一されているわけではなく、むしろ相克が存在するようである。

脳の3層構造

アメリカのポール・マクリーンは、こうした理解の基礎となる脳のモデルを提供した。彼によれば、人間の脳は爬虫類《はちゅうるい》脳→旧哺乳類《ほにゅうるい》脳→新哺乳類脳の順番で機能を複雑化させ高度化させてきたのだという。

マクリーンの脳の3層構造仮説

●爬虫類の脳（中心部）：基本的欲求や反復的で儀式的な行動を受け持つ部位。生得的な傾向、学習や記憶にも関与する。
●古い哺乳類の脳（大脳辺縁系）：闘争、採食、防衛、社会性、感情一般にかかわる部位。
●新しい哺乳類の脳（大脳新皮質）：目、耳、体表からの情報を受け取ったり、高次の心的機能を受け持ったりする。

灰白質《かいはくしつ》とも呼ばれる大脳新皮質は、霊長類、特に人類で最も発達している。要するに、人間の脳内では、爬虫類や古い哺乳類の脳の外側に新しい哺乳類の脳が覆《おお》い被《かぶ》さっており、往々にして異なる行動原理を持つ。

規範的合理性がもっぱら大脳新皮質の行動原理に根ざす一方で、規範的合理性と記述的合理性の乖離が辺縁系と皮質系の行動原理の相違に由来すると考えることは、いささか単純化しすぎた見方かもしれないが、脳内一元論よりも説明力のあるアプローチといえる。

ニューロエコノミクスの登場

時間上の選択は、ニューロエコノミクスの考え方によれば、次のように説明される。時間選好にさいして、2つのシステムが別々に働いており、忍耐強い（時間選好率が低い）選好と近視眼的な（時間選好率が高い）選好を司《つかさど》っている。目先の利得を選択するときには、大脳の深部にある大脳基底核、特に側坐核《そくざかく》という部位が強く活動しているため、側坐核に密接に関連している中脳に端を発する、報酬系という満足感を与えるドーパミンを伝達物質とするニューロンが関与しているのだという。

ニューロエコノミクスの研究が始まって10年も経たず、まだ確定的なことはいえないし、本当に実り豊かな研究成果が得られるのかも定かではないが、規範的合理性と記述的合理性の乖離、そして乖離の理由を進化論的合理性から説明づけることができる可能性はある。

私と一連のアディクション共同研究を行った後藤励は、京都大学医学部を卒業し、同大学院経済学研究科で経済学博士号を取得した異色の経歴を持つ。後藤は『行動健康経済学』（日本評論社、二〇〇九年）の12章において、ニューロエコノミクスの可能性を認めながらも、安易な過信を戒めている。

2007年11月11日のニューヨークタイムズ紙に、何人かの神経科学者によって書かれた次のような記事が掲載された。彼らは、20人の決まった支持者のいない有権者に対して、主な大統領選候補者についてまず、好意的かどうかのアンケート調査をしたあと、写真や演説のビデオを見ながら、f-MRIを撮影した。その結果、ヒラリー・クリントンの画像を見た人は、彼女に対してネガティブな意見を持っていた人でも、前帯状回皮質と呼ばれる大脳辺縁系の一部が活発に活動していた。この部位は、二つの相容《あいい》れない感情に悩むときに活動する部位であるために、この人たちは、本心では「ヒラリーを支持したいのに！」と思っているかもしれないとされた。この記事に対して、3日後、16人の神経科学者が反論を寄せた。「特定の脳部位の活動から、ある特定の感情を推測することは不可能だ」というわけである。ある候補者について、扁桃体が活性化されているため、不安感情を持たせるとしているが、扁桃体が活性化されるのは、不安時だけ

ではなく、さまざまな感情と関連している。（前掲書１３２―１３３ページ）

以上のエピソードは、ｆ‐ＭＲＩで得られた結果の解釈の難しさを示すよい例である。ある行動や感情と脳部位を結びつけるためには、ほかの行動や感情が混入しないようなデザインを行い、それに対応した脳部位を見つけることが必要である。脳部位と行動や感情の特異的な関係がはっきりしないうちに、それらを結びつけることはまだ危険であろう。確かな知見の蓄積が求められている。

４　タバコ１０００円再論

タバコ税引き上げの両刃

第4章では、アディクションを行動経済学的に論じた。ここでは、再度、行動経済学から見たタバコの規制の問題を考察しよう。

タバコ1箱で１０００円札が煙となって消えたら、喫煙者の懐はさぞ寒いことだろう。タバコ1箱１０００円の発端は、日本財団会長笹川陽平が産経新聞「正論」に寄稿した「9兆5千億円の新たな税収」（二〇〇八年三月四日）だそうである。

タバコを1000円にすれば、現在の消費量で9兆5000億円の税収増加が見こめ、仮に消費量が大幅に落ちこんでも相当の税収増加があるというものである。超党派国会議員によって、タバコと健康を考える議員連盟が形成されるや、タバコ1000円はにわかに現実味を帯びた。日本学術会議はタバコ1000円で4兆円の税収の増加が見こめ、厚生労働科学研究費研究班（高橋裕子奈良女子大学教授代表）は3兆1000億－5兆9000億円の税収増加が見こまれると援護している。

経済学はトレードオフの分析である。喫煙者の大幅な減少とタバコ税の大幅な増加は両立しない。まず、タバコが値上がりしたら、どれだけの喫煙者が禁煙をしたいと思うだろうか。ここではタバコが1箱500円、1000円になった場合に禁煙しようと思う人の割合を試算した。

タバコが500円になった場合、中度・高度喫煙者の過半が禁煙しようとは思わないため、禁煙しようと思う人は喫煙者の40％にとどまる。他方で、タバコが1000円になった場合、高度喫煙者も含めて、97％の喫煙者が禁煙しようと思う。

次に、禁煙を始めた人のどれだけが実際に禁煙に成功するだろうか。禁煙開始者を対象に半年間の追跡調査を行ったところ、5ヵ月後の禁煙継続率は54％であり、50％強で安定した。

タバコが500円になった場合、40％の人が禁煙しようと思うので、そのうちの54％が半年後に禁煙を継続しているとすれば、現在喫煙者の20％強の人が禁煙に成功する。タバコが1000円になった場合、97％の人が禁煙しようと思うので、その人の54％が半年後に禁煙を継続しているとすれば、現在喫煙者の50％強の人が禁煙に成功する。タバコが500円、1000円となれば、禁煙者の禁煙意思は現在よりも固くなるので、禁煙継続率は300円時の54％よりも高くなるだろう。

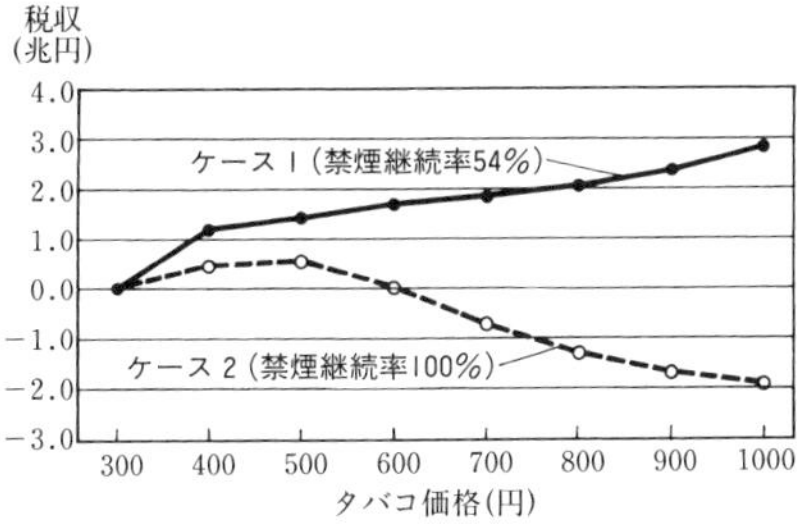

図6－2　タバコ価格と税収

タバコが1箱500円、1000円になった場合の税収の変化を試算した。タバコが1箱500円、1000円になった場合の禁煙継続率に関する経験的データが存在しないため、2つのケースに分けて、図6－2のとおり、税収変化を試算している。

ケース1は禁煙者が現行300円と同じ禁煙継続率（54％）を持つと仮定した場合である。タバコが500円になると、1兆4000億円の税収増加を見こめる。タバコが1000円になると、2兆8000億円の税収増加を見こめる。

ケース2は禁煙者のすべてが禁煙に成功すると仮定した場合である。タバコが500円になると、5000億円の税収増加を見こめる。逆に、タバコが1000円になると、1兆9000億円の税収減少だ。タバコ1000円の場合、ケース1と2の数値の乖離が大きい。1箱あたりのタバコ税が約5倍(175円から841円)になると考えると、喫煙者が20%以上喫煙を続ければ、少なくとも現在の税収2兆2000億円は維持される。しかしながら、禁煙の成功率次第では減収もあり得るだろう。

リバタリアン・パターナリズム再論

タバコが1000円になれば、身体的・精神的依存のためにどうしてもタバコをやめられない人にとっては、税金というよりは経済的懲罰となろう。だが、タバコが大きな社会的損失をもたらしているのは間違いない。

英米の調査によれば、喫煙者は非喫煙者に比べて、全死亡のリスクは35－69歳の中年期では約3倍、70－79歳では約2倍、80歳以上でも1より大きいという。日本の喫煙の社会的損失の推計は、医療費損失・健康損失・火災損失を加えると、年間約4兆9000億円に達するという報告もある。禁煙の真の便益は、こうした喫煙の社会的損失をなくすことにある。

しかし、現在の喫煙者の多くは日本が比較的喫煙習慣に寛容であった時代にタバコを吸いはじめている。現在のタバコ税引き上げ論は最近の喫煙習慣に対する社会的態度の変化を受

けたものだが、1年、2年内に手のひらを返したように懲罰的税金を導入することはいかがなものだろうか。現在の喫煙者に対して、将来の引き上げに対する予見性を高め、たとえば毎年30円ずつ引き上げ、10年、20年のタイムスパンで諸外国のタバコ価格に肩を並べるようにしたらどうだろうか。

身体的・肉体的ニコチン依存のために、どうしてもタバコをやめられない喫煙者は一種の病気である。少しずつタバコ税を引き上げるならば、当面、税収増加も見こまれるから、病的な喫煙者に対するケアも財政的に可能だろう。高いお金を払ってまで喫煙習慣を続けるのかどうか、選択を喫煙者に委《ゆだ》ねるべきだ。

第4章で紹介したように、一方で選択の

自由を認めながら、他方で公的な介入を認める行動経済学の政策論はリバタリアン・パターナリズムと呼ばれる。それは、選択の自由を維持しつつ、人々の厚生を促進する方向に私的・公的制度を設計することが望ましいという立場である。

人間の合理性には限界があり、「やめたいのにやめられない」というような、個人が望みながら実際には選択できない行動もある。合理性に限界がある場合、望ましい行動を個人が選択できる社会的環境を政策的に醸成すべきだというのがリバタリアン・パターナリズムである。

タバコ税引き上げの議論は必要である。しかし、タバコ税引き上げ問題を、消費税引き上げ回避策として議論するのは、早計だろう。税収の大幅増加はさほど期待できない。タバコ税引き上げは、喫煙者自身と受動喫煙被害者の健康のために議論されるべきである。

また、そのさい、脳機能の科学的知見に基づいた医学的処方と連携することが重要である。タバコをやめたいのにやめられないことのどこからどこまでが自己責任で、どこからどこまでが病気なのか分からないまま議論することは危険である。

5　行動経済学の挑戦

成功しすぎた行動経済学

本書では、時間選好、危険選好、社会選好などさまざまなトピックに焦点を当て、行動経済学の現在を解説してきた。数式と定理の無味乾燥な羅列といった昔の経済学のイメージは急速に変わりつつある。そこで、取り上げられる人間像は、感情のない冷徹なコンピュータではなく、湧き上がる感情に翻弄《ほんろう》され、ときには過ちを後悔する生身の人間である。

行動経済学が誕生して間もない頃、主流派経済学の行動経済学に対するまなざしは冷ややかなものであった。行動経済学の指摘する問題点は木を見て森を見ない枝葉末節にすぎず、理論経済学の神髄は社会経済システムがどのような規範的意味を持つのか精緻に分析することにあると考えられた。

トヴァスキーやカーネマンたち先駆者の努力によって、行動経済学の研究成果が次第に学界で認められるようになり、行動経済学に対する異端視は減っていった。それどころか、行動経済学的視点を積極的にモデルに取り入れた新しい経済学分野も誕生していった。行動ファイナンス、行動ゲーム理論、行動○○、行動××、行動△△など、行動経済学ブームはいささか度を越しており、本書も含めて、その解説書や翻訳書が毎月発売される有様である。

確かに、人間の経済行動に対する我々の知識はこの数十年で非常に豊かになった。単に割引効用理論や期待効用理論が成り立たないと嘆くのではなくて、どのような事情のときに規範的合理性が破綻するのか、そのさいどのような記述的合理性が観察されるのか、行動経済学者の頭のなかは知識で一杯だ。

経済学の未来

イギリスの学術雑誌『エコノミック・ジャーナル』(*Economic Journal*)は一八九一年に発刊された経済学最古の歴史を持ち、ケインズが長年エディターを務めたことでも知られている。その『エコノミック・ジャーナル』が100周年を記念し、来る100年を展望した特集号を組んだ(J・D・ヘイ編『フューチャー・オブ・エコノミクス』鳥居泰彦訳、同文書院インターナショナル、一九九二年)。

超一流の執筆陣が共通して主張することは、数理偏重経済学から実証重視経済学へパラダイムシフトが求められているということだ。特に、自ら数学を駆使して理論経済学の発展に貢献した論者にその傾向が強いことは意外でもあり、興味深くもある。意思決定理論に大きな貢献を残したピーター・フィッシュバーンは、二十一世紀の意思決定理論を次のように展望している。

決定理論においては、二十世紀は定式化の時代として知られるようになった。研究者は、

> 今後も基礎的な研究、評価と応用のための潜在的可能性、経験的無防備さを表すために新しいモデルの定式化を続けるだろう。二十一世紀には、数理系モデルによる分析という方法の位置づけは相対的に低下するだろう。それに代わって決定行動に関する経験的研究が盛んになるはずである。それは研究室でさまざまな装置を使って行われたり、フィールドでの調査・研究によって行われるようになるだろう。それによって今日よりリスクが精緻に類型化され、曖昧さに対する経済的決定行動や選好における時間の要素の効果について、二十世紀には分からなかった新しい発見が行われるだろう。（前掲書225―226ページ）

フィッシュバーンの予想は二十一世紀の始まりのたかだか10年において、すでにかなり正確に実現している。二十世紀は物理学の時代であり、経験科学の自称次男坊である経済学は長男の物理学に憧れ数理化を目指してきた。しかし、本家本元の物理学がかなり行き着くところまで行き、実験によって検証可能なビッグサイエンスのフロンティアの枯渇が危惧《きぐ》されるようになってきた。

その一方で台頭してきたのが、ワトソン、クリックのDNAの発見という分子生物学革命に代表されるバイオ科学である。最大のブラックボックスと呼ばれた脳機能の解明にも大きな期待が寄せられている。山中伸弥京都大学教授グループの発明によって世界を驚かせたiPS細胞（induced pluripotent stem cells：人工多能性幹細胞）は創薬や再生医療の切り札として期待されているが、患者由来の神経細胞の病理学的変容を試験管内で再現することも可能であり、f‐MRIなどのブレインイメージング技術の発達とともに、バイオ科学を一変させる可能性もある。

二十一世紀はバイオ科学の時代となろう。二十一世紀の経済学も物理学よりはバイオ科学の発達から大きな影響を受けることになる。とりわけ、脳機能の解明が進むにつれて、経済学の意思決定理論の無邪気な想定がそっくりそのまま生き残ることはできなくなる。

しかしながら、「効用関数の○○は大脳新皮質の××の機能によるのだが、効用関数の△△は大脳辺縁系の□□の機能による」という支離滅裂な説明はいかがなものだろうか。Aさんの生涯効用を最大化するために、アディクション抑制として、◇◇という意思決定補助剤を摂《と》るような時代は生きやすいだろうか。このような時代が好むと好まざるとにかかわらず来るようになるかもしれない。

そのとき、経済学はいったいどのような学問になるのだろうか。バイオ科学の技術革新により、あたかもニュートン力学が一般相対性理論によりその意義と限界が明らかになったように、経済学はより一層強固に基礎づけられるかもしれないし、スコラ哲学がニュートン力学によって一掃されたように、経済学の前提は真っ向から否定されてしまうかもしれない。

生物学のほかにもコンピューターや情報通信技術の発達も、経済学のあり方に大きな影響を与えるだろう。経済学の分野で紙と鉛筆だけで解ける問題は次第に少なくなってきている。膨大な計算量を必要とするキャリブレーションやシミュレーションが必要となるだろう。

ロンドン・スクール・オブ・エコノミクス（LSE）教授を長年務めた故・森嶋通夫は『フューチャー・オブ・エコノミクス』のなかで徳川時代の和算が現実との緊張関係を欠いたために知的遊戯に堕落し、自然科学の発展から取り残されたことを指摘し、「経験的観察の土台のうえにモデルを構築する腕を磨く勇敢な人々」の登場に期待した。

そのためには、人間本性と社会経済システムの双方に対する骨太のビジョンが必要である。ビジョンを鍛え、新しい交響楽的な経済学を構想する必要がある。今、行動経済学者は成功がゆえの難しい選択を迫られているといえよう。

おわりに

あるエピソードがある。私の恩師はケインズ経済学の研究者である伊東光晴先生である。伊東先生は私が大学院進学と同時に定年退職されることが決まっていた。そこで、大学院進学後の指導教授を選ばないといけない。伊東ゼミからは私を含めて3人が大学院に進学することになっていた。伊東ゼミの大学院進学者は、経済学史の碩学《せきがく》にお世話になる慣行があった。

私を除いた2人は早々にその方向で進路が決まった。ところが、伊東先生は私のほうを向いておっしゃった。「依田君は先生を選びなさい」。翌週、私はケインズ経済学者の名前を持ちだした。伊東先生は小首をかしげて黙りこみ、やがておっしゃった。「依田君は先生を選びなさい」。その翌週、私はマクロ経済学者の名前を持ちだした。同じことが繰り返された。若かった私は腹を立てた。大学院生の先輩だった根井雅弘さん（現・京大教授）に、「私は自分のやりたい研究ができればいいのだ。指導教授など誰でもよいのだ。誰なら伊東先生は納得するのか」。まったくもって若気の至りである。今、同じことを私の大学院生が言おうものなら、雷が落ちるだろう。

根井さんは静かに諭された。「伊東先生は、依田君に西村周三教授のところに行ってほしいのですよ」。学部4年間、教室に通ったことのない自学自習の悪い見本は、西村周三という先生の名前をまったく知らなかった。しかし、この際、そんなことはどうでもよい。

その翌週、西村周三教授の名前を持ちだした。伊東先生はしたりという顔をして、「依田君がそういうならば、私のほうから西村君にはよく話をしておこう」。その翌週、伊東先生は私の顔を見ると、嬉《うれ》しそうに言った。「西村君には、私のほうからよく言っておいたから大丈夫」。私は聞き流したが、今思えば、伊東先生が西村先生に何をよく言っておいたのか分かるような気がして、冷や汗が出る。

西村先生はフレンドリーな先生だった。一部の筋が予想したようなクラッシュは決して起こらなかった。最初は教授と大学院生として、次に教授と助教授として、最後に副学長と教授として。人間通の伊東先生の慧眼《けいがん》だろう。

話を戻そう。初めてうかがった西村研究室で、私は不確実性の研究に献身したいこと、物理学の世界で量子力学がもたらした認知革命が経済学の分野でも必要なことを力説した。西村先生は達人のようなところがある。受けるのではなく流すのである。おもむろに本棚から黄色の表紙の英文学術雑誌を引き抜いて、私の目の前に差しだした。雑誌には *Journal of Economic Psychology* と書いてあった。西村先生はこう言った。「米国では、経済心理学という新しい学問分野がおこりつつある。人はなぜ誤るのか。それが僕のライフテーマです」。

　こうして、恐らく日本最初の経済心理学のクラスが、京大で一人の先生と一人の学生によって始まった。今私が引き継いでいる講義はそれである。２００９年3月、定年を迎えた西村教授は京都大学経済学研究科・経済学部の最終講義を行った。私は*Journal of Economic Psychology*に掲載された自分の名前を見つつも思い出す。あれから20年の歳月が流れた、と。

依田高典（いだ・たかのり）

1965年，新潟県生まれ．1989年，京都大学経済学部卒業，1995年，京都大学大学院経済学研究科修了，博士（経済学）．現在，京都大学大学院経済学研究科教授．その間，イリノイ大学・ケンブリッジ大学客員研究員などを歴任．
専攻・情報通信経済学，行動健康経済学．

著書 *Broadband Economics : Lessons from Japan*, Routledge (Taylor & Francis Group): London, 1, 2009（日本学術振興会賞）
『ブロードバンド・エコノミクス』日本経済新聞社，2007年3月（日本応用経済学会学会賞，大川財団出版賞，ドコモモバイルサイエンス奨励賞）
『次世代インターネットの経済学』岩波新書，2011年5月
『「ココロ」の経済学』ちくま新書，2016年12月など

論文 "Simultaneous Measurement of Time and Risk Preferences", *International Economic Review* 50. 4, 2009（共著）
"Interdependency among Addictive Behaviors and Time/Risk Preferences", *Journal of Economic Psychology* 30. 4, 2009（共著）など

行《こう》動《どう》経《けい》済《ざい》学《がく》
中公新書 *2041*

2010年2月25日初版
2019年6月30日9版

著　者　依田高典
発行者　松田陽三

本文印刷　三晃印刷
カバー印刷　大熊整美堂
製　本　小泉製本

発行所　中央公論新社
〒100-8152
東京都千代田区大手町1-7-1
電話　販売 03-5299-1730
　　　編集 03-5299-1830
URL http://www.chuko.co.jp/

Published by CHUOKORON-SHINSHA, INC.
Printed in Japan ISBN978-4-12-102041-3 C1233